Yuri Shulipa

Controlo judicial para proteger os direitos dos proprietários de automóveis

Yuri Shulipa

Controlo judicial para proteger os direitos dos proprietários de automóveis

ScienciaScripts

Imprint

Any brand names and product names mentioned in this book are subject to trademark, brand or patent protection and are trademarks or registered trademarks of their respective holders. The use of brand names, product names, common names, trade names, product descriptions etc. even without a particular marking in this work is in no way to be construed to mean that such names may be regarded as unrestricted in respect of trademark and brand protection legislation and could thus be used by anyone.

Cover image: www.ingimage.com

This book is a translation from the original published under ISBN 978-3-659-54887-1.

Publisher:
Sciencia Scripts
is a trademark of
Dodo Books Indian Ocean Ltd. and OmniScriptum S.R.L publishing group

120 High Road, East Finchley, London, N2 9ED, United Kingdom
Str. Armeneasca 28/1, office 1, Chisinau MD-2012, Republic of Moldova, Europe
Printed at: see last page
ISBN: 978-620-7-76420-4

ÍNDICE DE CONTEÚDOS:

CAPÍTULO 1   4

CAPÍTULO 2   31

Yu Yu Shulipa
Controlo judicial para proteger os direitos dos proprietários de automóveis
Autor - Chefe do Departamento Jurídico da Federação dos Proprietários de Automóveis da Rússia

O presente trabalho é dedicado aos aspectos jurídicos, organizacionais e tácticos do controlo público das actividades da <u>polícia</u> de trânsito e dos tribunais de competência geral e, juntamente com estes, da proteção dos direitos dos proprietários de veículos automóveis.

Destina-se a representantes de associações públicas que exercem o controlo público das actividades de aplicação da lei, advogados, investigadores no domínio do direito administrativo e constitucional, criminologia, sociólogos, cientistas políticos, especialistas no domínio da segurança rodoviária, activistas civis e sociais, condutores de veículos, bem como a todos os interessados na proteção dos direitos dos proprietários de automóveis.

Três coisas que criam obstáculos ao tráfego normal:
irresponsabilidade dos funcionários competentes, serviço de patrulha
rodoviária, estradas da Rússia.

Y. SCHULIPA

Introdução

Na Rússia moderna, os proprietários de automóveis são um dos grupos sociais mais desprotegidos do comportamento arbitrário das autoridades. Os cidadãos estão cansados da constante ilegalidade dos inspectores da polícia de trânsito e dos juízes dos tribunais de jurisdição geral. Esta situação é causada pela imperfeição da legislação atual e pela prática viciosa da sua aplicação.

A política federal das autoridades no domínio da segurança rodoviária reduz-se apenas ao endurecimento regular das sanções administrativas e, simultaneamente, à redução do âmbito dos direitos das pessoas sujeitas a responsabilidade administrativa.

O exercício das actividades administrativo-jurisdicionais dos inspectores da polícia de trânsito e dos juízes dos tribunais de competência geral não se destina a eliminar as causas e condições que contribuem para a prática de infracções administrativas, limitando-se a uma abordagem formal-punitiva. Isto significa que o inspetor e o juiz estão interessados apenas no cumprimento formal dos requisitos dos procedimentos estabelecidos por lei, na instauração e no prosseguimento do processo.

Os inspectores da polícia de trânsito não podem reduzir o número de pessoas processadas ou de protocolos em relação ao mesmo período do ano anterior se quiserem receber uma avaliação positiva do seu desempenho. É igualmente favorável à progressão na carreira e ao aumento dos subsídios dos juízes tratar o maior número possível de processos. De facto, a maior parte dos juízes desempenham o papel de procuradores, tentam encontrar qualquer indício, mais frequentemente inventado, para não terem em conta as provas de inocência apresentadas pelos proprietários dos veículos, não fazem esforços mentais e físicos quando analisam os processos, reescrevem histórias acusatórias dos protocolos e, com base nelas, tomam decisões acusatórias.

A este respeito, o primeiro capítulo do manual é consagrado a uma análise pormenorizada do aspeto organizacional e jurídico da colusão repressivo-punitiva da polícia de trânsito e dos tribunais, sem a qual a emergência do controlo judicial seria impossível. Neste capítulo, para além dos métodos tradicionais, são consideradas novas formas mais eficazes de proteção dos direitos dos proprietários de automóveis.

O documento é condicionado pela conclusão de que, na atual fase de desenvolvimento estatal e jurídico da Rússia, é impossível eliminar práticas corruptas e vários abusos por parte dos inspectores da polícia de trânsito e dos juízes dos tribunais de jurisdição geral por iniciativa dos funcionários competentes das autoridades públicas. Isto significa que, num futuro próximo, a situação no domínio da legalidade da justiça e do poder executivo irá inevitavelmente agravar-se. Os dirigentes máximos do país não estão dispostos e são incapazes de oferecer mudanças positivas, mesmo que mínimas, neste domínio. Por conseguinte, a mudança da situação depende apenas do grau de atividade e de organização dos próprios cidadãos. A situação pode ser melhorada "a partir de baixo" com a ajuda de um controlo profissional, o que é confirmado pela prática. Um sistema de controlo judicial devidamente organizado e estável pode, se não eliminar completamente várias práticas corruptas e abusos em tribunais individuais, pelo menos minimizar a sua manifestação.

A atuação de um juiz durante a instrução de um processo e os actos judiciais são objeto de um controlo judicial. Graças ao tratamento das informações contidas nos acórdãos dos juízes de paz publicados nos portais Internet dos tribunais, tornou-se possível identificar rapidamente os focos de corrupção e adotar medidas de resposta pública com base nos resultados dessa identificação.

Os resultados do controlo judicial, quando se estudam as decisões proferidas pelo mesmo juiz em processos iniciados na mesma intersecção, permitem identificar a parcialidade do juiz no resultado do processo. Por exemplo, quando, nas mesmas circunstâncias, após o fluxo de decisões sobre a privação da carta de condução, há decisões sobre a aplicação de coimas administrativas ou sobre processos encerrados.

Com efeito, uma das principais tarefas do controlo judicial consiste em obrigar os funcionários e os juízes a exercerem as suas actividades profissionais no quadro da lei.

Devido a lacunas na legislação relativa às infracções administrativas, os inspectores da polícia de trânsito e os juízes trabalham quase numa única relação organizacional e jurídica, o que permite ao controlo judicial recolher os dados necessários não só sobre as actividades dos tribunais, mas também sobre as actividades das autoridades executivas.

A novidade do trabalho consiste numa descrição passo a passo do algoritmo de implementação do controlo público sobre as actividades dos inspectores da polícia de trânsito e dos juízes dos tribunais de jurisdição geral; análise pormenorizada das principais falsificações de provas em casos de infracções administrativas, incluindo as obtidas com a ajuda de um funcionamento incorreto dos aparelhos de medição. São considerados praticamente todos os aspectos jurídicos, organizacionais, técnicos e tácticos do controlo público. Uma secção separada é dedicada à participação de um especialista no processo.

Os materiais deste documento destinam-se igualmente a ajudar os proprietários de automóveis a evitar todo o tipo de abusos por parte dos inspectores da polícia de trânsito e dos juízes.

O documento define conceitos simultaneamente novos e importantes como **"Monitor Judicial"**, **"Patrulha do Cidadão"**, **"Encruzilhada da Corrupção"**, **"Representante Público"**, etc.

No final de muitas frases são feitas referências aos actos jurídicos normativos relevantes, o que permite, ao utilizar o manual, confirmar atempada e materialmente aos adversários a justeza das suas acções e refutar as suas acções ilegais.

Assim, o manual destina-se a ser utilizado na prática de hora a hora.

CAPÍTULO 1

ASPECTO ORGANIZACIONAL E JURÍDICO DA COLUSÃO ACUSATÓRIO-PUNITIVA ENTRE A G.I.B.D.D. E OS TRIBUNAIS

1.1 12 Razões para a colusão entre a polícia de trânsito e os tribunais

Devido à imperfeição da legislação atual e a um apoio organizacional inadequado, os inspectores da polícia de trânsito e os juízes de paz são obrigados a interagir numa única relação organizacional e jurídica. O fenómeno que surge com base nesta interação, quando o juiz, numa primeira fase, não confia, de forma irrazoável, no testemunho do proprietário do veículo, e - nos materiais acusatórios e nas explicações do inspetor da polícia de trânsito, é designado por conluio.

A colusão entre a polícia de trânsito e os tribunais conduziu a uma violação do Estado de direito, provocou violações maciças dos direitos e interesses legítimos dos cidadãos e constitui uma ameaça para a segurança jurídica e estratégica do nosso Estado. A colusão causa danos materiais e morais a pessoas singulares e colectivas.

A conivência da polícia de trânsito e dos tribunais conduz frequentemente a violações dos direitos dos sujeitos da atividade económica, desestabilizando o transporte rodoviário. Devido à arbitrariedade policial e judicial, ao perderem a sua carta de condução, muitos cidadãos perderam simultaneamente a sua única fonte de rendimento e de estabilidade social e foram empurrados para o limiar da sobrevivência.

Consequentemente, surgiram na sociedade muitas pessoas que sofrem de várias formas de perturbações e doenças mentais. Os problemas do alcoolismo e da toxicodependência tornaram-se mais graves e a taxa de mortalidade da população ativa aumentou.

O número colossal de actos judiciais injustos aumentou significativamente a componente de corrupção no domínio da segurança rodoviária. Muitas vezes, é impossível para os proprietários de automóveis provar a legalidade das suas acções em tribunal, o que inevitavelmente levou a um aumento do montante dos subornos aos inspectores da polícia rodoviária. De facto, a apreciação de casos de infracções administrativas transformou-se num engano em massa dos cidadãos.

O conluio ilegal entre a polícia de trânsito e os tribunais há muito que ultrapassou o quadro legal sob a forma de intenção e deu origem a infracções contra o poder estatal e o serviço de aplicação da lei, resultando em violações significativas dos direitos dos cidadãos.[1] Ao analisar cada caso específico pelo tribunal, o controlo normativo judicial é obrigado a garantir a legalidade das actividades dos inspectores da polícia de trânsito.

A falta de um controlo adequado das normas judiciais, a implementação da supervisão formal do Ministério Público e o controlo das actividades dos inspectores da polícia de trânsito pelo DSS e pelos quadros superiores levaram a que não se conseguisse resolver a maioria dos crimes relacionados com o furto de veículos, o roubo de veículos pesados, a morte ou danos graves para a saúde dos utentes da estrada, e contribuíram para a prática de actos terroristas.

Por outras palavras, o problema do conluio ilegal entre a polícia de trânsito *e* os tribunais é o mais perigoso, grave e ameaçador para cada um de nós e para o país no seu todo.

A base empírica do estudo foi constituída pelos materiais do sítio Web electrotransport.ru, pela análise da prática de aplicação da lei dos tribunais de Moscovo e de 12 regiões da Federação Russa no domínio da segurança rodoviária, pelos actos jurídicos normativos relevantes, pelos materiais da Comissão FAR sobre a luta contra a colusão ilegal entre a polícia de trânsito e os

---

[1] Shulipa Y. Y. O juiz de Moscovo legalizou os delitos oficiais. M-2010. Secção de Moscovo da FAR: www. far-msk.ru/?p=9615

tribunais, por entrevistas com antigos e actuais juízes, inspectores da polícia de trânsito, procuradores e serviços especiais, por entrevistas com pessoas sujeitas a responsabilidade administrativa, por observações das actividades de representantes individuais da polícia de trânsito e dos juízes, pela participação do autor como advogado de defesa em processos de infracções administrativas e pela participação do autor na investigação de infracções administrativas.

1) . O conluio começa na estrada.

Os direitos dos proprietários de veículos automóveis a um tribunal justo e imparcial são violados a partir do momento em que é elaborado um auto de notícia. A prática mostra que em 99 de cada 100 casos, imediatamente após a elaboração de um relatório, os inspectores da polícia de trânsito notificam os proprietários de veículos automóveis sobre a apreciação dos processos contra eles em tribunal. E não apenas nos casos que implicam uma sanção excecional sob a forma de privação do direito de conduzir um veículo, mas também nos casos que permitem como sanção alternativa uma coima administrativa ou detenção.

A legalidade de tal notificação suscita sérias dúvidas. Como é que o juiz soube subitamente que, exatamente num determinado dia e hora, o proprietário do veículo deveria cometer uma infração administrativa? Além disso, nenhum dos actos em vigor impõe ao inspetor da polícia de trânsito a obrigação de notificar a pessoa sujeita a responsabilidade administrativa do local e da hora de apreciação do caso em tribunal.

Por força do n.º 2, parte. 1, parte 1, do artigo 29.4. da CAO RF, o dever de notificar os participantes num processo administrativo é imposto exclusivamente ao juiz ou funcionário, em cujo processo o caso iniciado foi recebido.

Antes de levar o caso a um processo judicial, de acordo com o n.º 4, parte 1, do art. 29.4. 1, parte 1, do artigo 29.4 do CAO RF, o juiz deve verificar a exatidão do protocolo e dos outros elementos do processo. Se o protocolo for elaborado por um funcionário inelegível e (ou) executado de forma incorrecta, bem como outros materiais do processo, o juiz é obrigado a determinar a devolução do protocolo relativo a uma infração administrativa e outros materiais do processo ao organismo, funcionário que iniciou o processo.

O inspetor da polícia de trânsito também não tem o direito de notificar diretamente da estrada o local e a hora da apreciação de um caso no departamento da polícia de trânsito por um inspetor de prática administrativa. A norma acima referida aplica-se igualmente ao funcionário autorizado a examinar os processos relativos a infracções administrativas.

Um juiz (funcionário) que permite que funcionários interessados no resultado do processo interfiram nas suas actividades processuais tem poucas probabilidades de emitir uma decisão baseada na lei.

A notificação do proprietário do veículo presume conscientemente a sua culpa no cometimento de uma infração administrativa e indica a presença de parcialidade e de parcialidade acusatória do juiz (funcionário) em relação à pessoa contra a qual o processo foi iniciado.

2) . Lacunas na lei e impunidade.

Em nossa opinião, as causas e condições para a formação de um conluio ilegal consistem em três aspectos: jurídico, tático e organizacional. Além disso, o aspeto jurídico é um derivado dos aspectos tático e organizacional.

Inicialmente, as razões para a formação de um conluio ilegal entre os representantes da polícia de trânsito, os juízes de paz e os juízes federais dos tribunais de jurisdição geral encontram-se na legislação atual. Passemos às normas do CAO RF, à prática e às estatísticas da sua aplicação.

A maioria dos processos de infração administrativa iniciados pelos inspectores da polícia de trânsito é apreciada pelos magistrados. Como é sabido, trata-se do n.º 4 do artigo 12.15, **"Conduzir**

em infração às regras de circulação rodoviária na faixa de rodagem destinada ao trânsito em sentido contrário", do n.º 4 do artigo 12.9, "Ultrapassar o limite de velocidade estabelecido" (apreciado tanto pela autoridade de polícia de trânsito como pelo juiz de paz). 4 do n.º 9 do artigo 12.º, "Ultrapassar o limite de **velocidade estabelecido" (considerado tanto pela** polícia de trânsito como pelo juiz de paz), n.º 8 do artigo 12.º, **"Condução de um veículo por um condutor embriagado, transferência do controlo de um veículo para uma pessoa embriagada"**, etc.

Em virtude das disposições do art. 28.1. - 28.3. da CAO, um inspetor da polícia de trânsito instaura um processo por infração administrativa, que implica a privação do direito de conduzir um veículo, e o juiz, em conformidade com o art. 23.1. da CAO RF, aprecia-o.

A prática mostra que as queixas contra a atuação dos inspectores da polícia de trânsito na elaboração de protocolos redigidos ao abrigo de artigos do Código das Contra-Ordenações que prevêem a privação do direito de conduzir um veículo só são consideradas em alguns casos.

As respostas dos chefes dos serviços de polícia de trânsito às queixas dos cidadãos são geralmente as seguintes *A sua queixa foi analisada. Uma vez que, em conformidade com a parte 1 do artigo 23.1 da CAO, o processo previsto na parte 4 do artigo 12.15 da CAO RF é apreciado por um magistrado, a direção do serviço de polícia de trânsito não tem o direito de o apreciar.*

Não obstante as disposições legais supramencionadas, os chefes dos serviços de polícia de trânsito não podem eximir-se à obrigação de tomar medidas disciplinares por elaboração ilegal de protocolos contra os seus subordinados, uma vez que um cidadão apresenta uma queixa sobre a atuação ilegal dos inspectores da polícia de trânsito na elaboração de um protocolo e não exige que a direção do serviço de polícia de trânsito analise o caso que lhe é apresentado.

Por força de vários despachos do Ministério da Administração Interna da Federação Russa, a direção do serviço de polícia de trânsito é obrigada a controlar as actividades dos inspectores da polícia de trânsito e, se necessário, a aplicar-lhes medidas disciplinares.

A situação é um pouco semelhante quando os cidadãos apresentam queixas ao Ministério Público.

As queixas dos cidadãos são frequentemente deixadas sem consideração e, em violação da parte 5 do artigo 10.º da Lei Federal "Sobre o Ministério Público da Federação Russa", são encaminhadas para a direção dos departamentos de polícia de trânsito, onde, com base nos resultados da análise das queixas, os cidadãos recebem respostas semelhantes.

Com base nas disposições dos artigos 52º e 53º da Lei Federal "Sobre a Polícia", o Ministério Público supervisiona as actividades da polícia. Por conseguinte, em tais casos, os procuradores, bem como os chefes dos departamentos de polícia de trânsito, não têm o direito de se abster de verificar as acções dos inspectores da polícia de trânsito quanto à legalidade e validade da elaboração de protocolos.

A situação é um pouco diferente nos casos de sanções administrativas sob a forma de coima ou de privação do direito de conduzir um veículo.

Os processos relativos a infracções administrativas que implicam a privação do direito de conduzir um veículo ou uma coima administrativa são apreciados tanto por agentes da polícia de trânsito como por magistrados ou juízes federais.

Uma parte significativa destes processos é apreciada pelos juízes quando os funcionários a quem são apresentados os processos de infracções administrativas os remetem para apreciação pelos juízes.

O agente da autoridade de polícia de trânsito deve remeter o caso para apreciação do tribunal se considerar que a sanção por si aplicada é manifestamente insuficiente. Vejamos o funcionamento deste mecanismo num contexto prático.

A prática de análise destes casos mostra o seguinte. Se o automobilista do grupo de análise não concordar com a infração imputada, contestar os seus acontecimentos ou a sua composição, apontar a qualificação errada do ato, apresentar provas que refutem a culpa na infração imputada, o inspetor da prática administrativa envia o caso para o tribunal, para que o juiz imponha uma sanção sob a forma de privação do direito de conduzir um veículo.

Por conseguinte, apesar das circunstâncias acima referidas, em 99 de cada 100 casos, os magistrados proferem sentenças de condenação à privação do direito de conduzir um veículo e raramente se limitam a aplicar uma sanção sob a forma de coima.

Entretanto, os requisitos do n.º 1 do artigo 24.º e do n.º 1 do artigo 26.º do CAO RF obrigam os agentes da polícia de trânsito, bem como os juízes, a analisar os processos de contraordenação e a resolvê-los de acordo com a lei, exercendo simultaneamente um controlo normativo sobre as acções dos inspectores da polícia de trânsito para a elaboração de protocolos. Uma vez que as acções de um inspetor da polícia de trânsito (incluindo os regulamentos do departamento e outras normas) constituem a base para a elaboração de um protocolo e a instauração de um processo por infração administrativa.

Na maioria dos casos, os agentes <u>da polícia</u> de trânsito ignoram completamente os requisitos destas normas.

Por outras palavras: se concordar com a infração imputada pela <u>polícia</u> de trânsito, mesmo que não a tenha efetivamente cometido, pagará uma multa; se não concordar, será privado da sua carta de condução durante um determinado período de tempo. E, neste caso, o tribunal é utilizado pelos agentes da polícia de trânsito como um objeto para impor a punição mais severa possível. Não há outra forma senão tornar o automobilista mais agradável ao inspetor da polícia rodoviária após vários meses de "preparação" a pé.[2]

Recorrer com uma queixa à direção do serviço de <u>polícia</u> de trânsito, cujo inspetor elaborou o relatório (emitiu a resolução), significa uma perda de tempo desnecessária e é, em si mesmo, ineficaz. O sistema de polícia de trânsito tem os seus próprios costumes. Para imitar a atividade de serviço, a direção superior está interessada em mais protocolos elaborados e decisões emitidas.[3]

Se, por exemplo, o comandante de um batalhão castiga o seu subordinado, considera-se que há uma parte de culpa deste, falhas no desempenho das suas funções directas. Para não estragar os indicadores de desempenho, a direção do serviço de polícia de trânsito, cujo inspetor violou a lei, limita-se, na melhor das hipóteses, a uma conversa formal com ele, mas, na realidade, ele permanece impune e, como sabemos, a impunidade gera a ilegalidade. Além disso, a decisão tomada pelo inspetor da polícia de trânsito contra o condutor continua em vigor.[4]

"A regra segundo a qual as unidades do IAB não podem reduzir o número de pessoas processadas em relação ao mesmo período do ano anterior, se quiserem receber uma avaliação positiva do seu desempenho, mantém-se em vigor.

3) . Aplicação ilegal da lei.

A condição ideal para a formação de um conluio entre a polícia de trânsito e os tribunais é uma prática de execução enraizada que não se baseia na lei.

A prática em matéria de aplicação da lei revela que o Presidium do Supremo Tribunal da Federação da Rússia não exerce um controlo adequado da legalidade dos actos judiciais, em especial

---

[2] Shulipa Yu. Yu. Como pode um condutor recorrer de uma resolução sobre um caso de infração administrativa? M-2008. Electrotransport.ru: electrotransport.ru/ussr/index.php/topic,397.0.html
[3] Ibid.
[4] Ibid.

nos processos relativos a infracções administrativas emitidos pelos tribunais de competência geral.

Por conseguinte, a formação final da prática de aplicação da lei está confinada aos presidiums dos tribunais regionais. Atualmente, são os presidiums dos tribunais regionais que formam a prática da aplicação da lei para os juízes regionais especializados na apreciação de casos de infracções administrativas. Esta circunstância é aproveitada por juízes sem escrúpulos.

Um exemplo é a recusa ilegal de satisfazer o pedido de apreciação do processo no local de residência. Vejamos o exemplo da prática judiciária em Moscovo. Moscovo.

Muitos juízes de paz disseram-nos, muitas vezes em tom de brincadeira, que havia umas instruções do Presidium do Tribunal da Cidade de Moscovo que proibiam o envio dos processos para o local de residência na cidade.[5]

Ao recusar ilegalmente satisfazer o pedido de apreciação dos processos no local de residência, a direção do Presidium do Tribunal da Cidade de Moscovo tem aparentemente interesse em assegurar que os processos relativos a infracções administrativas sejam apreciados exclusivamente no local onde foram iniciados, ou seja, em "locais forçados". A prática mostra que muitos inspectores da polícia de trânsito, devido a visitas regulares às mesmas secções do tribunal como testemunhas e para a transferência de processos, têm relações de amizade com os juízes de paz. Inicialmente, são os juízes de paz que moldam a prática da aplicação da lei.

Esta **"interação"** causa frequentemente danos irreparáveis às pessoas levadas à responsabilidade administrativa, que, devido à prática acusatória-punitiva existente na aplicação da lei, já não podem ser corrigidos nos tribunais superiores.[6]

Este facto é confirmado pelas decisões de supervisão do Vice-Presidente do Tribunal da Cidade de Moscovo, A. N. Dmitriev, nas quais, do ponto de vista da lei e do Tribunal Constitucional da Federação Russa, bem como das explicações orientadoras do Supremo Tribunal da Federação Russa, a recusa ilegal de satisfazer pedidos de apreciação de processos no local de residência foi repetidamente reconhecida como "legal".[7]

Por conseguinte, com base nas decisões dos tribunais de comarca e nas decisões de controlo, os juízes de paz recusam ilegalmente o deferimento de pedidos de apreciação de processos no local de residência dos cidadãos. A prática demonstra que os juízes não têm qualquer responsabilidade por estas acções.

4) . NONDDL e SPT na ausência de juízes independentes.

Os tribunais do país têm uma prática única no mundo da justiça na apreciação de casos de infracções administrativas. Mesmo que 20 testemunhas deponham a favor do proprietário do veículo e que o próprio proprietário apresente ao tribunal provas que justifiquem as suas acções, em 99 de cada 100 casos o juiz acreditará no inspetor da polícia de trânsito que testemunhou contra o proprietário do veículo e, com base no seu testemunho e nos elementos de acusação por ele elaborados com base na sua própria convicção (muitas vezes não fundamentada), emitirá um veredito de culpa. Os depoimentos de 20 testemunhas de entre os cidadãos e as provas apresentadas pelo proprietário do veículo serão avaliados de forma crítica pelo juiz. A prática policial mostra que os magistrados e os juízes federais inventam deliberadamente motivos para avaliar "criticamente" as provas a favor dos proprietários de veículos.

---

[5] Shulipa Yu. Yu. Diagnóstico da justiça administrativa de Moscovo. Os primeiros resultados sobre o exemplo da encruzilhada da corrupção - Praça Paveletskaya de Moscovo. Moscovo. Relatório científico e prático. M-2011. Sucursal de Moscovo da FAR: www.far-msk.ru/?page_id=H241

[6] Ibid.

[7] Decisão do Vice-Presidente do Tribunal da Cidade de Moscovo de 17. 12. 2010, № 4a-3528/10

A presença de NONDDL (ausência de motivos para desconfiar de um funcionário) e de PPP (presunção de correção de um agente da polícia) na prática da aplicação da lei, bem como a ausência de juízes independentes, aumentaram significativamente o nível de corrupção entre os inspectores da polícia de trânsito e resultaram na violação dos interesses legítimos dos proprietários de automóveis.

5) . Violações do Estado de direito.

Resulta da prática de apreciação dos processos que os inspectores da polícia de trânsito, os juízes de paz e os juízes federais não cumprem as missões principais do CAO, que visam a proteção do indivíduo, a proteção dos direitos e liberdades do homem e dos cidadãos, o procedimento estabelecido para o exercício do poder do Estado, a segurança pública e a prevenção das infracções administrativas (artigo 1.º, n.º 2, do CAO RF).

A presunção de inocência é violada (art. 1.º, n.º 5, da CAO RF).

Em violação das disposições da parte 1 do artigo 1.6. CAO RF, as pessoas sujeitas a responsabilidade administrativa são objeto de sanções administrativas e de medidas destinadas a assegurar o processo de um caso de infração administrativa sem fundamento e fora do procedimento previsto na lei.

As funções dos processos administrativos que visam o esclarecimento completo, objetivo e atempado das circunstâncias de cada caso, a sua resolução em conformidade com a lei, a identificação das causas e condições que contribuíram para a prática de infracções administrativas são regularmente violadas (n.º 1 do artigo 24.º do CAO RF).

Em violação da parte 1 do artigo 29.13. do CAO RF, quando se apuram as causas das infracções administrativas e as condições que contribuíram para a sua prática, não são apresentadas aos organismos e funcionários competentes propostas de medidas para eliminar essas causas e condições.

6) . Aspeto organizacional inadequado.

Como já foi referido, o aspeto organizacional da colusão entre a polícia de trânsito e os tribunais é formado a partir do aspeto jurídico.

A simbiose entre os juízes de paz (federais) e os agentes da polícia de trânsito, devido à interação regular, relacionada com a transferência de processos e a convocação destes últimos como testemunhas, é um momento favorável para o juiz descarregar a sua raiva no condutor, e o juiz, consequentemente, para satisfazer as suas necessidades automóveis. Através de um inspetor da polícia de viação, um juiz pode resolver uma série de problemas automóveis, tanto pessoais como dos seus familiares, parentes, amigos e conhecidos: retirar um veículo do registo, elaborar um processo de acidente de viação favorável e rápido, encontrar formas de os departamentos de polícia de viação vizinhos isentarem as pessoas acima mencionadas de sanções administrativas e, muitas vezes, penais, e até comprar veículos confiscados através de esquemas cinzentos. É importante que um inspetor da polícia de trânsito faça do relatório de acusação por ele elaborado um veredito de culpa.

A prática mostra que muitos inspectores da polícia de trânsito, devido a visitas regulares às mesmas secções de tribunal que as testemunhas, têm relações de amizade com os juízes de paz.

Por exemplo, em algumas esquadras judiciais, antes de os processos serem julgados, os inspectores do DSS estiveram nos gabinetes dos juízes de paz e dos juízes federais e discutiram soluções para problemas pessoais.

7) . Tácticas de colaboração.

Para além da prática judicial de aplicação da lei e das visitas regulares dos inspectores da polícia de trânsito às audiências judiciais, as fontes de conluio ilegal incluem reuniões trimestrais conjuntas de juízes de paz e juízes federais com representantes da polícia de trânsito.

A Comissão de luta contra a colusão ilegal entre a <u>polícia de trânsito </u>e os tribunais estudou as actas das reuniões programadas entre os juízes de paz e os juízes federais e os inspectores da polícia de trânsito. Como resultado, a Comissão chegou à opinião unânime de que a polícia de trânsito e o tribunal se tornaram um único órgão punitivo de tipo transportador. As frases de alguns protocolos indicam a existência de relações mais telefónicas do que processuais entre juízes e inspectores da polícia de trânsito, e os inspectores da polícia de trânsito usam o poder judicial para tomar as decisões que querem. Por sua vez, alguns juízes também estão interessados em punir os proprietários de veículos. Tudo isto é uma fonte direta de parcialidade, corrupção, ilegalidade e conduz a uma violação maciça dos direitos dos cidadãos.[8]

8) . Pressão sobre os juízes.

[9] Por exemplo, por carta de informação de 27.12.2005, o Presidente do Tribunal Regional de Arkhangelsk, M. G. Averin, solicitou aos presidentes dos tribunais distritais (municipais) e aos juízes de paz que alterassem a prática de aplicação da lei numa série de categorias de processos.[10]

Os tribunais de comarca e os tribunais regionais realizam igualmente reuniões de formação e de metodologia, nas quais o trabalho dos juízes é analisado trimestralmente e os resultados do seu trabalho na administração da justiça e na organização da gestão dos processos são resumidos. Frequentemente, nestas reuniões, os juízes que proferem decisões de absolvição são objeto de críticas ilegais e injustificadas por parte da direção dos tribunais em causa.

9) . Medo da polícia de trânsito.

Muitas vezes, os juízes têm medo de estragar as relações estabelecidas com os inspectores da polícia de trânsito.

Ao proferirem sentenças e decisões de absolvição, os juízes receiam eventuais queixas dos representantes da polícia de trânsito aos presidentes dos tribunais de comarca (cidade) e regionais, bem como aos órgãos da comunidade judiciária.

Ao prever na Parte 1.1, o n.º 1 do artigo 30.º e na Parte 5, o n.º 9 do artigo 30. O legislador equiparou-os aos participantes no processo, prevendo o direito de os inspectores da polícia de trânsito, que elaboraram o relatório e emitiram uma decisão, recorrerem das sentenças e decisões judiciais.

Além disso, a direção da polícia de trânsito tem o direito de recorrer ao procurador para protestar contra os actos judiciais que entraram em vigor ou não entraram em vigor. Cada sentença ou decisão anulada num tribunal distrital (regional) piora inevitavelmente o desempenho do juiz.12

10) . Um interesse comum em enganar a população.

Em geral, os representantes da polícia de trânsito e os juízes estão unidos por interesses comuns para enganar a população.

Os juízes trabalham para as estatísticas. Os juízes beneficiam do facto de ouvirem o maior número possível de casos.[11] Os juízes tentam encontrar qualquer indício, mais frequentemente inventado, para não terem em conta as provas de inocência apresentadas pelos condutores, não fazem esforços mentais e físicos quando analisam os casos, tentam reescrever a acusação a partir do protocolo e, com base nela, proferir um veredito de culpa.[12]

---

[8] A Comissão revela métodos conjuntos da polícia de trânsito e da justiça para enganar os cidadãos. M - 2011. Secção de Moscovo da FAR: www.far-msk.ru/?p=12164

[9] Shulipa Y. Y. Comentários sobre a prática de aplicação da lei. M- 2008. Era-auto: www.car- era.ru/articles/2685.html

[10] Carta de informação do Tribunal Regional de Arkhangelsk, de 27.12.2005, sobre a apreciação de processos relativos a infracções administrativas no domínio do tráfego rodoviário.

[11] Arbitrariedade da polícia de trânsito e dos tribunais. Materiais da conferência de imprensa de 1 de dezembro de 2010. Secção de Moscovo da FAR: <u>www.far-msk.ru/?p=10594</u>

[12] Ibid.

A carreira de um juiz depende, nomeadamente, do volume de processos. Como mostra a prática, os juízes que proferiram em massa sentenças de condenação sobre a privação da carta de condução, como se diz "por cópia", passaram muito rapidamente de juízes de paz para a categoria de juízes federais e foram mesmo nomeados presidentes de tribunais de comarca.

Como já foi referido, os inspectores da polícia de trânsito também têm interesse em elaborar mais protocolos administrativos.

Nas reuniões de planeamento conjuntas, são desenvolvidos planos para a elaboração de protocolos pelos inspectores da polícia de trânsito e para a emissão de acusações pelos magistrados.

11). Interesse empresarial intradepartamental. Em suma, estas circunstâncias são geradas por razões corporativas intra-serviços do MIA. Ambas as razões que se seguem estão na origem da formação de um conluio entre o GIBDD e os tribunais.

Os motivos que levam a polícia de trânsito a aumentar as estatísticas sobre as infracções e os crimes detectados são os seguintes

Se há tantas infracções de trânsito no país, então somos necessários. Isso significa que precisamos de novos equipamentos, instalações, cargos, etc., privilégios. Por outras palavras, ao aumentar as estatísticas das infracções, a polícia de trânsito justifica a sua existência.

12) . Falha na auto-limpeza.

A mudança de nome de **"milícia"** para **"polícia"** não provocou quaisquer alterações positivas nas actividades da unidade de polícia <u>de trânsito</u> mais numerosa, a DPS, exceto uma ligeira redução do número de agentes individuais.

As unidades de JIT criadas no âmbito do sistema do Ministério da Administração Interna não são capazes de combater as violações criminosas dos direitos dos cidadãos por parte dos inspectores da polícia de trânsito, como o abuso de autoridade, a fabricação de material administrativo e uma série de outros abusos.

As autoridades do Ministério Público e o sistema do Comité de Investigação da Federação Russa ignoram as alegações deste tipo de infracções.

Os juízes tomam em consideração os materiais fabricados e, com base nos resultados do seu exame, acusam os proprietários dos veículos.

Por sua vez, os juízes legalizam as acções criminosas dos inspectores da polícia de trânsito através das condenações que entraram em vigor. Tudo isto provoca um aumento constante da corrupção nos organismos de controlo interno.

1.2. Atitudes de um juiz médio em relação a um automobilista e a um inspetor da polícia de trânsito: um aspeto comparativo

A principal fonte de corrupção é a parcialidade do juiz. A comunicação com os juízes, as suas entrevistas e a observação do seu comportamento permitem tirar as conclusões pertinentes. Comparemos a atitude de um juiz em relação a um proprietário de automóvel e a um inspetor da polícia de trânsito.

<u>**Atitude em relação aos proprietários de automóveis:**</u>

resumo total do :ravot do agente da polícia: se for elaborado um protocolo, isso significa que o condutor é culpado a priori;

-se ao excesso de trabalho; à lentidão do juiz na apreciação dos processos; à falta de interesse profissional; à orientação para um juiz superior, que também não está interessado em seguir os procedimentos na apreciação dos processos e que, inevitavelmente, suspende a decisão;

emissão deliberada de uma decisão acusatória para que, depois de ter aprendido com a experiência amarga, o "proprietário" negoceie da próxima vez um acordo "natural" com o inspetor;

recomendações, recomendações de um funcionário do aparelho de um distrito judicial a uma pessoa sujeita a responsabilidade administrativa para que se dirija a um determinado escritório de advogados (a um determinado advogado) para a defesa dos seus interesses;

O inspetor intimado pelo tribunal a entregar-lhe dinheiro para resolver a questão com o juiz sobre o arquivamento do processo a favor do proprietário do automóvel.

Na prática, este último caso é utilizado muito raramente. Se o juiz convocar o inspetor para a apreciação do caso, isso significa que o proprietário do veículo prova a ilegalidade da responsabilização administrativa, que se considera inocente da infração que lhe é imputada e que tenciona agir dentro da lei. Além disso, o arquivamento do processo irá prejudicar os indicadores de desempenho do inspetor da polícia de trânsito.

Atitude em relação aos inspectores da polícia de trânsito:

não querer estragar as relações com o chefe da OGIBDD distrital e com os inspectores da polícia de trânsito subordinados;

relutância em emitir uma sentença legal num processo iniciado numa encruzilhada de corrupção, porque uma sentença subsequentemente executada pode quebrar a prática viciosa existente e, por conseguinte, é preferível solicitar, por qualquer motivo, a emissão de uma acusação;

Receio de reclamações por parte dos juízes superiores quanto à razão pela qual as causas das infracções não foram eliminadas mais cedo;

receio de reclamações ilegais por parte de juízes superiores sobre a alegada libertação "injustificada" de "vtovladyetsya" de penas "merecidas".

A decisão do juiz de paz sobre a inexistência de corpo de delito e (ou) de factos constitutivos de uma infração administrativa nos actos do condutor pode fechar a "armadilha dos inspectores da polícia de trânsito". A ausência de uma fonte de elaboração de protocolos implicará uma diminuição dos indicadores de desempenho dos inspectores da polícia de trânsito. Isto afectará negativamente a sua carreira e salário, bem como as relações com a direção da unidade. Ao mesmo tempo, os inspectores da polícia de trânsito, bem como alguns juízes, serão privados da oportunidade de utilizar a situação para enriquecimento pessoal. Os critérios acima referidos aplicam-se igualmente ao trabalho de um juiz.

1.3. Recomendações para combater a falsificação de um processo de infração administrativa

Nenhum dos meros mortais na Rússia está imune à invenção de um caso de infração administrativa contra si próprio. Nos últimos anos, a invenção destes casos tornou-se um fenómeno de massa. A diminuição maliciosa dos direitos dos cidadãos por parte dos inspectores da polícia de trânsito e dos juízes, o aumento de vários abusos e a prática ilegal de aplicação da lei indicam a necessidade de abandonar o tradicional e procurar novas formas eficazes de proteger os direitos dos proprietários de automóveis. Apesar da natureza primitiva da legislação atual, os cidadãos dispõem de mais oportunidades para proteger os seus direitos e processar os falsificadores do que estes últimos para procederem a processos administrativos contra os cidadãos. No entanto, é necessário não só conhecer as leis, mas também ser capaz de as aplicar atempadamente. Os médicos dizem: "Quanto mais cedo começar o tratamento, mais hipóteses tem de continuar vivo". Um princípio semelhante aplica-se ao direito.[13]

Consideremos o que constitui um caso forjado. A **"fabricação de um caso"** é a *introdução*

---

[13] Shulipa Yu. Yu. Como arruinar um caso fabricado e ficar com os direitos? M - 2011. Sucursal de Moscovo da FAR: http://www.far-msk.ru/?p=16155

A qualificação incorrecta das acções do proprietário do veículo não pode ser considerada uma invenção do caso. Se foi cometida uma infração real, deve ser instaurado um processo por esse facto.

Vários algoritmos de defesa estão constantemente a ser melhorados. O algoritmo sugerido de acções do proprietário de um automóvel não pretende ser verdadeiro.

Recomendamos aos principiantes que sejam pacientes, que leiam o material com atenção e, acima de tudo, que compreendam as leituras. Para uma compreensão mais profunda do material, recomenda-se, não só aos principiantes, mas também aos profissionais, que reforcem os textos lidos, estudando as regras de direito, que se encontram no final das frases.

Para um principiante que não esteja habituado a ler textos jurídicos, este algoritmo de acções pode parecer muito complicado.

O inspetor da polícia de trânsito deve encontrar-se sempre com o aparelho de gravação áudio e/ou vídeo ligado. A gravação deve ser feita de forma discreta. Ao comunicar com um inspetor da polícia de trânsito, é necessário ser psicologicamente confiante, educado, altamente vigilante e, se necessário, agir com determinação.

Em caso de acusações infundadas com o aparelho de gravação áudio e (ou) vídeo ligado, repetir as frases de serviço: **"Eu não violei as regras, mostre-me as provas da minha culpa"** e (ou) **"Se me quer acusar, então apresente-me as provas materiais que confirmam a minha culpa".**

Não cumprir as exigências ilegais de sair do veículo e passar para o carro-patrulha para conversar (esta obrigação não é imposta pelas regras de trânsito). Em 90% dos casos, os processos por infracções administrativas são iniciados precisamente após o tratamento psicológico do proprietário do veículo no carro-patrulha. Neste caso, o síndroma da vítima é desencadeado quando o proprietário do veículo, cumprindo as exigências ilegais que lhe são impostas e, ao mesmo tempo, não oferecendo resistência mental adequada, dá motivos para fabricar um processo contra si próprio.

Se, apesar das medidas tomadas, o inspetor da polícia de trânsito começar a elaborar um relatório sobre o facto de não ter violado as regras de trânsito, é necessário proceder da seguinte forma.

No protocolo relativo à infração administrativa devem ser imediatamente escritas as seguintes frases: **"Não violei as regras de trânsito da Federação Russa, não foram apresentadas provas de culpa, mas sim fabricadas. Peço para redigir um protocolo apenas na presença do meu advogado de defesa. Os direitos previstos no n.º 1 do artigo 25.º da CAO e no artigo 51.º da Constituição da Federação Russa não me são explicados",** bem como **"Não me é claro o que assinei"** e nada mais. Para que os seus argumentos sejam convincentes, deve ligar para o 112, contactar a direção do departamento de polícia territorial e tirar fotografias do local do incidente. Posteriormente, as provas recolhidas serão úteis para a investigação. Se for mais corajoso, pode redigir uma declaração sob a forma de uma explicação sobre o crime cometido pelo inspetor da polícia de trânsito e responsabilizá-lo criminalmente. Ainda mais corajoso, pode escrever esta declaração durante horas, porque os termos da redação de declarações para proprietários de automóveis não são limitados por lei. Essa limitação só é permitida pela lei federal (parte 3 do artigo 55.º da Constituição da Federação Russa).

Esta falsificação de documentos administrativos está associada ao abuso de poderes oficiais e as acções do falsificador contêm duas infracções nos termos dos artigos 286.o e 292.o do Código Penal da Federação Russa. Para evitar que o inspetor da DPS destrua a declaração, é necessário escrever no protocolo que esta é anexada ao protocolo.

Se estas medidas preventivas não ajudarem e for elaborado um protocolo, é necessário tomar imediatamente a iniciativa pelas suas próprias mãos. Enquanto os materiais fabricados não chegam ao magistrado, é necessário redigir e apresentar uma declaração sobre a infração, o mais tardar 24 horas após o dia da fabricação do caso, ao comandante da unidade de polícia de trânsito: regimento, batalhão separado, companhia em que o falsificador "trabalha". Esta é uma das principais condições para evitar a emissão precipitada de uma decisão de acusação por um juiz de paz e a deteção da infração cometida.

É de notar que os inspectores da polícia de trânsito e os juízes de paz, e para algumas categorias de processos e federais, interagem numa única relação organizacional e jurídica. Esta circunstância constitui um sério obstáculo não só a uma apreciação objetiva, justa e imparcial dos processos de contraordenação, mas também à deteção das infracções cometidas.

Caso contrário, se o juiz de paz emitir uma decisão de acusação, que, em caso de recurso para um tribunal superior, permanecerá em vigor, a **"legalidade" das** acções do inspetor da polícia de trânsito será confirmada por uma decisão judicial. Por isso, é praticamente impossível resolver posteriormente a infração cometida.

O pedido deve ser motivado pela necessidade de verificar os argumentos apresentados e de enviar o pedido, juntamente com os materiais do processo de infração administrativa como objectos que contêm indícios de crimes, ao departamento de investigação do Comité de Investigação da Federação Russa.

Em nenhum caso, é impossível deixar o caso repousar por si só e deixar-se ingenuamente levar pela ilusão de que a invenção será provada em tribunal. O ditado que entrou na gíria da condução: **"Como o inspetor vai coser o caso, assim o juiz vai julgar"**, tem direito à verdade. Nos casos de privação do direito de conduzir um veículo, o protocolo de contraordenação é enviado ao juiz no prazo de três dias a contar do momento da sua elaboração (parte 1 do artigo 28.8 do CAO RF).

É concedido o mesmo período de tempo para a verificação de uma declaração de infração e para o envio para investigação (n.º 3, parte 1, artigo 145.º do Código de Processo Penal da Federação Russa).

Os procedimentos relacionados com a circulação da declaração sobre o crime são regulados pela instrução sobre a ordem de receção, registo e resolução nos organismos de assuntos internos da Federação Russa de declarações, relatórios e outras informações sobre incidentes (aprovada pelo Despacho do Ministério dos Assuntos Internos da Federação Russa de 4 de maio de 2010 № 333).

Os relatórios de incidentes recebidos, independentemente do local e da hora da ocorrência, da exaustividade das informações neles contidas e da forma de apresentação, são recebidos 24 horas por dia em qualquer agência de assuntos internos.

A comunicação de um incidente pode ser recebida pelo organismo para os assuntos internos pessoalmente pelo requerente, em mão, pelo correio, por telefone, telégrafo, sistemas de informação públicos, fac-símile ou outros meios de comunicação.

Para receber as mensagens em formato eletrónico recebidas através dos sistemas de informação públicos, é utilizado um software que exige que o requerente preencha os requisitos necessários para o tratamento dos relatórios de incidentes.

A mensagem da Internet deve ser impressa e o seu tratamento posterior deve ser efectuado como o de uma mensagem escrita, em conformidade com o procedimento estabelecido nas presentes instruções.

Os relatórios de incidentes recebidos pelas unidades de gestão de registos e de regime dos serviços de assuntos internos por correio, em mão, por telégrafo, por sistemas de informação pública, por fac-símile ou por outros meios de comunicação são registados em conformidade com as regras de gestão de registos e enviados pelo chefe do serviço de assuntos internos à unidade de serviço para registo imediato (p. 7-8).

Apesar de as unidades de polícia de trânsito não manterem um CPCB independente (ponto 15), o relatório do crime é registado no IAB territorial.

Simultaneamente, após o registo do auto de notícia na CPSS e o envio para investigação, <u>são tomadas as medidas necessárias para prevenir ou reprimir a infração, bem como para preservar os vestígios da mesma</u>. O talão de notificação preenchido deve permanecer no posto de trabalho (n.º 19).

Antes de uma queixa-crime ser remetida para investigação, a queixa deve ser apresentada a um funcionário do IAB, em regra, investido dos direitos de um inquiridor.

Se o inquiridor, no prazo de três dias a contar do momento do registo da declaração sobre o crime no CUSP, não enviar a declaração ao departamento de investigação do IC RF, a inação do inquiridor deve ser objeto de recurso nos termos do procedimento previsto no artigo 124.

Algoritmo idêntico para recorrer de acções ilegais (inação) de um investigador do departamento de investigação do Comité de Investigação do Comité de Investigação da Federação Russa em caso de emissão de uma decisão de recusa de instauração de um processo penal, de não apreciação de um pedido (outras acções e decisões).

O prazo de apreciação das queixas nos termos do artigo 124.º do Código de Processo Penal é de três dias. Em casos excepcionais, estes prazos podem ser prorrogados até 10 dias, sendo o requerente imediatamente notificado. Se o investigador (inquiridor) não tiver analisado a queixa no prazo de vinte e quatro horas, fora destes prazos é necessário recorrer das suas acções em conformidade com o procedimento previsto no artigo 124.º do Código de Processo Penal da Rússia até ao Procurador-Geral da Federação Russa. Se não receber uma decisão com base na lei, deve apresentar uma queixa sobre as acções (ou mesmo a inação) do Procurador-Geral junto do Presidente da Federação da Rússia.

Nalgumas categorias de casos, o comandante de uma unidade de polícia de trânsito não está processualmente ligado aos inspectores, mas, por força das normas das ordens departamentais, é obrigado a exercer controlo sobre as actividades dos inspectores.

Os comandantes dos regimentos, batalhões separados e companhias devem efetuar inspecções às unidades de polícia de trânsito para verificar o cumprimento da disciplina e da legalidade, os requisitos estabelecidos nas relações com os utentes da estrada, a legalidade e a exaustividade da instauração de processos por infracções administrativas *(p. 76 - 78.3 da Instrução sobre a organização das actividades das unidades de polícia* de trânsito *do Ministério da Administração Interna da Federação Russa (aprovada pelo Despacho do Ministério da Administração Interna da Federação Russa n.º 186 de 02.03.2009 DSP))*.

Durante o período de verificação dos argumentos da declaração sobre a infração, o comandante da unidade de polícia de trânsito não tem o direito de remeter o processo de infração administrativa para o tribunal. Uma vez que a declaração sobre a infração cometida se refere à fabricação de material administrativo, é impossível verificar os argumentos da declaração separadamente do processo fabricado.

A apresentação de uma queixa-crime ao comandante da unidade DPS informa-o prontamente do início do processo penal contra um subordinado.

A este respeito, o comandante da unidade de polícia de trânsito é obrigado a adiar a transferência do processo para um juiz de paz durante a duração da inspeção.

Simultaneamente, tal como indicado mais adiante, o <u>*comandante da unidade DPS não está investido da autoridade legal para remeter para o tribunal processos relativos a infracções administrativas, que são da competência exclusiva de um juiz*</u>.

Assim, apresentar uma declaração sobre a infração cometida ao comandante da unidade relevante do DSS não é apenas uma forma de tomar a iniciativa nas suas próprias mãos, mas também de impedir que o caso fabricado chegue ao tribunal.

De acordo com a página 23 do Regulamento-tipo sobre o procedimento uniforme para a organização da receção, do registo e da verificação das comunicações de crimes (aprovado pelo Despacho Conjunto da Procuradoria-Geral da República, do Ministério dos Assuntos Internos, do Ministério das Situações de Emergência, do Ministério da Justiça, do Serviço Federal de Segurança, do Ministério do Desenvolvimento Económico, do Serviço Federal de Controlo de Estupefacientes da Rússia n.º 39/1070/1021/253/780/353/399 de 29.12.05), o agente de serviço da unidade de polícia de trânsito (departamento de polícia de trânsito) é obrigado a registar o pedido no KUSP e a emitir um cupão de notificação ao requerente.

O cumprimento desta regra significa que o relatório de crime é incluído nas estatísticas do Estado, e já não é possível escapar a uma resposta formal, como, por exemplo, no caso de enviar um relatório de crime, contornando a polícia de trânsito, para o departamento de investigação do Comité de Investigação do Comité de Investigação da Federação Russa.

Se o comandante da unidade de polícia de trânsito não assegurar o registo no CUSP e a transferência da declaração sobre o crime com os materiais do caso fabricado para o departamento de investigação, é necessário recorrer imediatamente contra a sua inação ilegal ao superior e (ou) ao procurador, em conformidade com o procedimento estabelecido pela Lei Federal de 2 de maio de 2006 N 59-FZ "Sobre o procedimento para a consideração de recursos de cidadãos da Federação Russa". Além disso, é possível apresentar uma declaração ao departamento de polícia territorial contra o comandante da unidade de polícia de trânsito sobre o crime por ele cometido (parte 1 do artigo 286.º do Código Penal da Federação da Rússia).

Se o comandante de uma unidade de polícia de trânsito não garantiu que o relatório do crime fosse transferido para o departamento de investigação do Comité de Investigação da Federação Russa e enviou o caso forjado para o tribunal, essa ação ilegal do combatente também deve ser imediatamente recorrida ao seu superior hierárquico e (ou) ao procurador da República da forma acima referida.

O Supremo Tribunal da Federação Russa esclareceu todos os juízes de primeira instância que um protocolo que não cumpra a Parte 2 do n.º 2 do artigo 28.º do Código das Infracções Administrativas da Federação Russa deve ser devolvido para eliminação de deficiências.

É evidente que o protocolo manipulado contém igualmente informações manipuladas. Por conseguinte, o protocolo manipulado não está em conformidade com a parte 2 do artigo 28.2 do RF da CAO. 2 do n.º 2 do artigo 28.º do CAO RF. A petição para a devolução do protocolo pode ser reconstituída numa petição para a devolução da infração. Vale a pena anexar à petição uma cópia do bilhete de notificação, informando, para além da inconsistência do protocolo com a parte 2 do artigo 28.2 do CAO RF, que atualmente está a ser realizada uma inspeção sobre o facto de fabricar materiais administrativos da forma prescrita pelos artigos 141 - 144 do Código de Processo Penal da RF.

Se o juiz de paz aceitar a produção do caso forjado, é necessário apresentar imediatamente uma queixa contra as acções ilegais do investigador (inquiridor) na produção dos materiais de verificação, em conformidade com o artigo 125.º do Código de Processo Penal da Federação Russa, no tribunal distrital.

Paralelamente, vale a pena recorrer das <u>acções</u> ilegais <u>de um juiz de</u> paz, apresentando queixas escritas aos presidentes dos tribunais distritais e superiores, aos colégios regionais de qualificação e aos conselhos de juízes, em conformidade com o procedimento estabelecido pela Lei Federal de 2 de maio de 2006 N 59-FZ "Sobre o procedimento de apreciação dos recursos dos cidadãos da Federação Russa". A redação e o envio de tais queixas não são muito difíceis. Só é necessário alterar os títulos das queixas. As queixas podem ser enviadas por correio registado com aviso de receção ao destinatário.

É de notar que a decisão do juiz, enquanto ato processual, é objeto de recurso segundo o procedimento estabelecido pelo CAO RF, juntamente com o ato final objeto de recurso - a sentença.

Por conseguinte, é necessário colocar como objeto da queixa não a determinação do juiz de paz, mas as acções de aceitação do processo fabricado.

Em resposta à pergunta 16 da Análise da Legislação e da Prática Judiciária relativa ao 4.º trimestre de 2008, o Supremo Tribunal da Federação da Rússia considerou que a analogia das normas processuais é admissível. Assim, o desenrolar de um processo penal é também um motivo para suspender a apreciação de um processo relativo a uma infração administrativa. Nesta circunstância, é necessário apresentar ao juiz de paz um pedido de suspensão da apreciação do processo até à entrada em vigor da decisão do juiz de comarca. Em seguida, após a suspensão da apreciação do caso fabricado, é necessário redigir imediatamente um requerimento para a cessação da apreciação da queixa sobre acções ilegais do investigador (inquiridor).

A apreciação da queixa em tribunal priva a oportunidade de recorrer de acções ilegais através de um procedimento mais simplificado e eficaz no âmbito da linha administrativa e do Ministério Público. Além disso, se a queixa continuar a não ser satisfeita, a decisão do juiz tornar-se-á um disfarce fiável para o investigador (inquiridor) e, sobretudo, para o falsificador.

A fim de suspender um processo fabricado recentemente reaberto, é possível voltar a recorrer ao tribunal de comarca e assim sucessivamente até ao termo do prazo de prescrição para a apresentação de responsabilidade administrativa.

Assim, devido à ausência de um certo número de normas processuais, o CAO RF é um ato legislativo simplificado-punitivo. Por conseguinte, para além das normas do CAO para proteger os seus direitos, é necessário utilizar plenamente todos os procedimentos previstos na lei.

Raramente um dos intervenientes no processo administrativo chama a atenção para a ausência, no CAO RF, de pessoas autorizadas por lei a transferir para o tribunal um processo relativo a uma infração administrativa, apreciado exclusivamente por um juiz (juiz de paz). Façamos uma breve análise normativa das normas do CAO RF.

1) O inspetor da polícia de trânsito, que é um funcionário, em virtude do n.º 1, parte 2, do art. 2, parte 2, do artigo 28.3 da CAO RF, instaura um processo de contraordenação, nos termos do artigo, que implica apenas uma sanção sob a forma de privação do direito de conduzir um veículo durante um determinado período de tempo, que pertence exclusivamente à apreciação de um juiz de paz. Imediatamente após a instauração do processo, terminam os poderes do inspetor da polícia de trânsito.

2) O processo é apreciado unicamente por um juiz de paz (parte 1 do artigo 23.1 da CAO RF).

Assim, desde o momento da instauração de um processo que envolva apenas a privação de direitos até à emissão de uma decisão, estão envolvidas no processo duas autoridades: um inspetor da polícia de trânsito e um juiz de paz.

Que funcionário da unidade de polícia de trânsito está autorizado por lei a remeter casos para o tribunal?

Em geral, esta categoria de processos é enviada aos tribunais assinada pelos comandantes das unidades de polícia de trânsito, pelos seus adjuntos, pelos inspectores da prática administrativa e, menos frequentemente, pelos chefes da polícia de trânsito. Além disso, na decisão de remeter o processo a um juiz de paz, estes funcionários remetem para o n.º 2, segunda parte, do artigo 29.9 do Código das Infracções Administrativas. 2 parte 2 do artigo 29.9 do CAO RF.

De acordo com o n.º 2 da parte. De acordo com o n.º 2 da parte 2 do artigo 29.9 do Código das *Infracções Administrativas da* Federação Russa sobre os *resultados da apreciação de um processo relativo a uma infração administrativa,* é determinada a transferência do processo para apreciação pela jurisdição, se se verificar que a apreciação do processo não é da competência do órgão, autoridade ou funcionário que o apreciou.

No entanto, os comandantes das unidades de polícia de trânsito, os seus adjuntos, os inspectores de práticas administrativas e os chefes de polícia de trânsito não estão investidos do direito de apreciar processos da competência exclusiva dos juízes de paz.

Aliás, os próprios combatentes mencionam esta circunstância nas suas respostas às queixas contra eles, referindo-se à parte 1 do artigo 23.1 do Código das Infracções Administrativas da Federação Russa.

A análise da legislação confirma que as normas do CAO RF não conferem aos funcionários o direito de transferir para o tribunal processos relativos a infracções administrativas que são da competência exclusiva de um juiz de paz (federal).

Muitas vezes, em vez de despachos de remessa, são emitidas cartas de varrimento por funcionários não autorizados.

Na situação em apreço, é necessário recorrer imediatamente das acções ilegais de um juiz de paz, apresentando queixas por escrito aos presidentes dos tribunais distritais e superiores, aos colégios regionais de qualificação e aos conselhos de juízes, em conformidade com o procedimento estabelecido na Lei Federal de 2 de maio de 2006 N 59-FZ "Sobre o procedimento de apreciação dos recursos dos cidadãos da Federação Russa". Como já foi referido, não é muito difícil redigir e enviar este tipo de queixas, sendo apenas necessário alterar as maiúsculas.

Nas queixas, é necessário colocar a questão de saber com que fundamento o tribunal recebeu os materiais transferidos por um funcionário não autorizado e fora do procedimento estabelecido por lei.

Além disso, devem ser apresentadas queixas semelhantes ao procurador distrital e ao chefe superior da polícia de trânsito sobre as acções ilegais dos agentes da polícia de trânsito que transferiram ilegalmente o processo judicial para o juiz de paz.

Antes da audiência em tribunal, é necessário estudar cuidadosamente os materiais e determinar corretamente o objeto da prova de inocência. Regra geral, os dados iniciais que provam a culpa são insuficientes.

Para o efeito, é necessário apresentar requerimentos para exigir vários elementos de prova na sessão do tribunal. Por exemplo, para determinar a ausência de uma linha de marcação no troço de estrada indicado no protocolo, é necessário apresentar uma moção para exigir o projeto de organização do tráfego rodoviário. Para expor leituras falsificadas de aparelhos de medição, é necessário apresentar uma moção para exigir a sua documentação.

O pedido deve ser obrigatoriamente apreciado por um juiz, órgão, funcionário em cujo processo esteja pendente (n.º 4, primeira parte, do artigo 24.º da CAO RF).

O pedido deve ser formulado por escrito e deve ser objeto de apreciação imediata. A decisão de recusar a satisfação de um pedido é tomada por um juiz, um órgão, um funcionário, em cujo processo esteja pendente um caso de infração administrativa, sob a forma de uma decisão (parte 1 do n.º 4 do artigo 24.º da CAO RF).

Ao recusar a satisfação do pedido e, de facto, ao exigir e (ou) admitir materiais como prova, do parágrafo 5 da parte 1 do artigo 29.12 do CAO RF decorre a obrigação do juiz de provar as razões das suas acções. 1 do artigo 29.12, n.º 1, do Código das Infracções Administrativas da Federação Russa decorre da obrigação do juiz de fundamentar as suas acções com provas.

A recusa do juiz em deferir um ou vários pedidos, relativamente aos quais é impossível provar a inocência da infração imputada, sem exigir os elementos necessários, conduzirá inevitavelmente à emissão de uma sentença condenatória.

Por conseguinte, se o juiz se recusar ilegalmente a satisfazer os pedidos apresentados, é necessário interpelar o juiz com base na obstrução ao apuramento de factos juridicamente relevantes, devido à sua conivência ilegal com os agentes da polícia de trânsito que comunicam regularmente com o juiz. O juiz é obrigado a conceder o tempo necessário para o efeito.

Tal comportamento do juiz contradiz diretamente as disposições da parte 2 do artigo 26.2 da CAO RF. As explicações da pessoa acusada e, juntamente com elas, os depoimentos das testemunhas, bem como as provas recolhidas pelo inspetor da polícia de trânsito no protocolo, têm igual valor probatório no processo e, por conseguinte, não podem ser ignoradas por motivos não previstos na lei. Ou seja, os fundamentos inventados deliberadamente pelo próprio juiz.

Nenhum dos elementos de prova tem uma força pré-determinada. A avaliação das provas é efectuada pelo juiz com base nos resultados da apreciação do processo e consta da decisão proferida (artigo 26.11 do RF do CAO).

A incapacidade do juiz de apresentar uma refutação documental (probatória) fundamentada dos motivos da recusa deve ser utilizada como motivo repetido para uma recusa mais grave.

É necessário, para além da comunicação com o inspetor da polícia de trânsito, registar o desenrolar da apreciação do caso através de uma gravação áudio e (ou) vídeo.

A legislação atual da Federação Russa não proíbe que as pessoas que participam na apreciação pública do processo e os cidadãos presentes na sessão do tribunal registem o desenrolar da apreciação do processo através de uma gravação áudio.

É permitido fotografar, gravar em vídeo e transmitir na rádio e na televisão a apreciação pública de um processo de infração administrativa com a autorização de um juiz, de um órgão ou de um funcionário que esteja a apreciar um processo de infração administrativa (n.º 3, terceira parte, do artigo 24.º, n.º 3, da CAO RF).

No entanto, o CAO RF não contém uma proibição direta de gravar em vídeo uma sessão de tribunal. Não existe qualquer responsabilidade pela realização de uma gravação vídeo de uma sessão de tribunal sem a autorização do juiz.

Como mostra a prática, uma gravação de vídeo de uma sessão de tribunal feita sem a autorização do juiz é utilizada como prova pelos órgãos da comunidade judiciária e pela investigação preliminar.

Após cada julgamento, é necessário fazer uma transcrição do processo com base na gravação áudio e/ou vídeo efectuada. A transcrição começa com símbolos. Por exemplo, L - Pessoa em relação à qual - , MC - Juiz de Paz. Outras frases registadas no tribunal são escritas na transcrição sem abreviaturas. Deve ser anexado à transcrição um suporte eletrónico da gravação áudio. Em seguida, a transcrição da audiência, juntamente com o suporte eletrónico, é anexada ao processo mediante pedido escrito. É desejável juntar a transcrição 3 a 4 dias antes da apreciação do processo pelo gabinete do juiz de paz. Esta junção privará o magistrado da possibilidade de recusar a satisfação do pedido apresentado. No entanto, a lei não proíbe a junção da transcrição no decurso da apreciação do processo.

Além disso, as petições podem referir-se às informações contidas na transcrição como factos com valor probatório no processo.

1.4. Inutilização de provas através de deficiências no TCODD

Nos últimos anos, a atitude formal da direção do GIBDD em relação à prevenção das DTA e o desejo de obter indicadores formais e quantitativos da atividade relacionada com a deteção de "infracções" levou a que a "infração detetável" mais importante no domínio do tráfego rodoviário se tornasse uma infração ao abrigo da parte 4 do artigo 12. 12. 15 do CAO RF (conduzir em violação das regras de trânsito na faixa de rodagem em sentido contrário). 15 do Código das Infracções Administrativas da Federação Russa (conduzir na faixa de rodagem em sentido contrário em violação das regras de trânsito).

Todos os dias, são instaurados processos contra centenas de condutores ao abrigo desta norma. Onde são constantemente cometidas "infracções" abrangidas pela sanção da parte 4 do artigo 12.15 do Código das Infracções Administrativas, as patrulhas da polícia de trânsito estão de serviço quase 24 horas por dia. Além disso, os inspectores da polícia de trânsito em serviço não desempenham as suas funções para garantir adequadamente a segurança <u>do tráfego </u>e a máxima prevenção possível das infracções às regras, limitando-se a esconder-se nos arbustos, longe dos olhos dos condutores, como se estivessem ávidos de condutores que cometessem infracções. A consequência de tais **emboscadas policiais** é a transformação em massa de condutores não cooperantes em peões durante um período de 4 a 6 meses pelos magistrados.

<u>Consideremos as variantes de cruzamentos corruptos em que existe uma elevada probabilidade de conduzir na faixa de rodagem em sentido contrário, e nem sempre relacionadas com a violação das regras de trânsito:</u>

Os ;naks ;e cumprem os requisitos das normas técnicas;

Os sinais são deliberadamente criados de forma a que as suas exigências sejam contraditórias;

;nak ;ak é coberto por um veículo de grandes dimensões;

as marcações estão totalmente operacionais;

As marcações estão parcialmente posicionadas de tal forma que é impossível identificá-las visualmente;

-As marcas são indistinguíveis devido a sujidade ou sujidade.

(inversão de marcha (viragem) num pequeno raio dentro de um cruzamento.

A cláusula 1.3 do Regulamento de Tráfego Rodoviário da RF declara: Os utentes da estrada são obrigados a conhecer e a cumprir os requisitos do Regulamento, os sinais de trânsito, os sinais e as marcações que lhes dizem respeito, bem como a cumprir as ordens dos controladores de tráfego que actuam dentro dos limites dos direitos que lhes são concedidos e que regulam o tráfego rodoviário através dos sinais estabelecidos.

Nem todos os condutores têm o dom da telepatia e <u>as regras de trânsito </u>não obrigam os condutores a serem telepáticos.

Ao consagrar literalmente estes requisitos, o legislador impôs ao condutor o dever de observar apenas os atributos da estrada acima referidos que o condutor pode e deve fisicamente detetar.

Por outras palavras, o condutor não é obrigado a respeitar os requisitos dos sinais de trânsito, dos sinais e das marcações, se estes não existirem ou se estiverem fisicamente ocultos aos olhos do condutor por vegetação, veículos de grandes dimensões, etc.

Os fundamentos para a instauração de um processo são os indícios de culpa identificados. Sem culpa é impossível instaurar um processo. Uma vez que uma infração administrativa é sempre um ato culposo (n.º 1 do artigo 2.º do CAO RF).

A CAO RF estabelece duas formas de culpa: <u>dolo </u>e <u>negligência </u>(art. 2.2).

Se fisicamente não vir um semáforo, sinal ou marcações, é impossível prever a possibilidade de consequências prejudiciais da sua ação (inação).

Em ambos os casos, a existência de culpa é condicionada pela presença de possibilidades físicas e técnicas de o condutor prever a ocorrência de consequências prejudiciais da sua ação.

Nos casos em questão, o condutor não pode nem deve prever fisicamente a possibilidade de ocorrência de consequências prejudiciais da sua ação.

Neste caso, nas acções do condutor existem apenas sinais exteriores de uma infração administrativa. Tais acções do condutor são Kazus.

CASUS - uma <u>ação acidental, que (ao contrário de intencional ou negligente) tem sinais externos de uma infração, mas não tem o elemento de culpa e, por conseguinte, não implica responsabilidade legal</u>. Além disso, as regras de trânsito da Federação Russa não impõem aos condutores a obrigação de cumprir os requisitos das marcas rodoviárias desenhadas em violação dos requisitos GOST.

Além disso, os regulamentos de trânsito não impõem aos condutores o dever de antecipar a presença de sinais e marcações quando estes não existem fisicamente.

Existe um outro tipo de **"armadilha da polícia de trânsito".** O sinal de trânsito, que o automobilista utiliza para guiar o seu veículo, contradiz o sinal que o segue de perto. Por exemplo, o sinal 3.1 "Entrada proibida" está situado a vários metros do sinal 4.1.1 "Siga em frente" (por exemplo, Praça Paveletskaya, Moscovo, M. - 2010). Nestas circunstâncias, o condutor, muitas vezes cumprindo o requisito de um sinal de trânsito, viola inevitavelmente o outro sinal próximo. Estas situações podem ser encontradas não só em vielas, mas também em estradas onde a velocidade média dos veículos ronda normalmente os 90 km/h.

Vejamos se, neste caso, tal ato constitui uma infração administrativa.

Se o condutor, cumprindo a exigência de um dos sinais de trânsito, violou forçosamente um sinal estabelecido nas proximidades, então, tendo em conta as circunstâncias acima referidas, por força da parte 4 do n.º 5 do artigo 1.º da CAO RF, este ato deve ser interpretado a favor do condutor.

Nesta situação, o facto seguinte constitui uma dúvida irremovível quanto à culpabilidade do condutor:

<u>distância insuficiente</u> entre os sinais de trânsito instalados em violação dos requisitos do GOST 52289-2004, devido à qual, cumprindo o requisito de um sinal, o condutor é <u>física e tecnicamente</u> incapaz de impedir a violação de outro. . o condutor não é física e tecnicamente capaz de impedir a violação de outro sinal.

"Prevenir fisicamente" - *detetar atempadamente a contradição dos requisitos e tomar medidas até ao momento da deteção e até à paragem total do veículo, impedindo a violação do último sinal.*

"Impedimento técnico" designa a *capacidade técnica do veículo para parar durante o período compreendido entre o momento em que o sistema de travagem é acionado e a paragem completa.*

(Dado por analogia com as definições de distância de paragem e distância de travagem).

No que se refere à segunda definição, é de notar que a distância de travagem do veículo depende também do tipo de piso, bem como do estado do pavimento. Ao travar num pavimento de asfalto, a distância de travagem será menor do que numa estrada com gelo.

Nestas circunstâncias, o facto de uma pessoa ser responsabilizada administrativamente é uma invenção de um caso? Sim, sem dúvida.

A forma mais fácil de expor este tipo de fabrico é utilizar uma gravação de vídeo do percurso do veículo criada com a ajuda de um gravador de automóveis.

Para desvendar muitas das invenções, é necessário compreender um conceito aparentemente tão simples como o **de "faixa de rodagem de veículos em sentido contrário".**

As regras de trânsito rodoviário baseiam-se nas disposições da Constituição da Federação da Rússia. Com base na disposição do artigo 55.º da Parte 3 da Constituição da Federação da Rússia, tudo o que não é expressamente proibido por lei é permitido. Este princípio é também diretamente aplicável às <u>regras de trânsito.</u>

O Supremo Tribunal da Federação Russa esclareceu que, *nos termos das partes 3 e 4 do artigo 12.15 do CAO RF deve qualificar <u>diretamente proibida pelas ações PPP que estão associados com a partida no lado da faixa de rodagem, destinado ao tráfego em sentido contrário</u>* (Resolução do Plenário do Supremo Tribunal da Federação Russa № 18 de 24 de outubro de 2006 Sobre algumas questões que surgem na aplicação da Parte Especial do CAO RF, tal como alterado pela Resolução do Plenário de 11 de novembro de 2008 № 23).

Isto significa que, nos locais onde a circulação na faixa de rodagem em sentido contrário não é expressamente proibida pelas regras de trânsito, é permitida.

No entanto, devido à falta de uma definição nas regras de trânsito da Federação Russa sobre o que é a **"faixa de rodagem em sentido contrário",** na procura de um melhor desempenho, os inspectores da polícia de trânsito começaram a interpretar excessivamente a saída para a faixa de rodagem em sentido contrário, colocando-a quase ao abrigo de qualquer violação das regras.

A diversidade de todas as situações de tráfego relacionadas com a saída da faixa de rodagem em sentido contrário não é objeto do presente documento. As principais circunstâncias de condução na faixa de rodagem em sentido contrário são descritas acima. A título de exemplo, consideremos a definição da frase **"Faixa de rodagem em sentido contrário para a circulação de veículos",** **constante** de uma das conclusões de um especialista sobre um processo de contraordenação e que representa um ponto comum a todos os casos desta categoria.

Pergunta 1: A faixa de rodagem referida no protocolo 99 KA nº 1582036 e na decisão do juiz de paz do distrito judicial nº 96 de Moscovo relativa a um caso de infração administrativa era, do ponto de vista técnico, uma faixa de rodagem em sentido contrário para a circulação do veículo "Toyota-Avensis" conduzido pelo motorista S.?

Resposta: a frase "Faixa de rodagem em sentido contrário" não está definida com precisão nas regras de trânsito, bem como noutros actos jurídicos regulamentares da Federação Russa, que actuam no domínio da segurança rodoviária, pelo que surgem frequentemente vários conflitos ao estabelecer as circunstâncias reais. Por conseguinte, para responder à pergunta, é necessário dar uma definição clara da frase "Via de trânsito em sentido contrário" e considerá-la em conjunto com o termo "Cruzamento".

Dos elementos apresentados no processo de contraordenação conclui-se que o acidente em questão ocorreu quando se completava a passagem do cruzamento regulamentado da Rua Botanicheskaya - Rua Stantsionnaya de Moscovo, nas imediações da casa 41a.

De acordo com a cláusula 1.2 do Código de Trânsito RF:

Entende-se por "cruzamento" um <u>local de intersecção, junção ou ramificação de estradas ao mesmo nível,</u> delimitado por linhas imaginárias que ligam, respetivamente, os inícios opostos e mais distantes do centro do cruzamento, das rotundas das faixas de rodagem.

A parte central de uma intersecção é constituída pela intersecção das faixas de rodagem. O cruzamento de faixas de rodagem é sempre mais pequeno em área do que o cruzamento.

"Faixa de rodagem": <u>qualquer uma das faixas longitudinais da faixa de rodagem,</u> sinalizada ou não, com uma largura suficiente para a circulação de veículos a motor numa única faixa.

No Dicionário da Língua Russa, de S. I. Ozhegov, é definido como

a) **"Windy"** - *a passar para a reta final;*

б) **"Movimento"** - *deslocar alguém (ou alguma coisa) (um objeto ou as suas partes) numa* <u>determinada direção:</u>

O movimento dos veículos na faixa de rodagem deve ser retilíneo em relação aos limites da faixa de rodagem numa única faixa.

O "movimento em linha reta" é um movimento mecânico em *que o vetor de deslocamento Gg não muda de direção e é igual em magnitude ao comprimento do caminho percorrido pelo corpo.*

$$|\Delta \vec{r}| = s$$

A totalidade das provas empíricas acima referidas leva a concluir que: **"Faixa de veículos que se aproximam"** - uma *faixa na qual, contrariamente ao modo estabelecido de circulação dos veículos, alguns veículos se deslocam exclusivamente em direção a outros veículos . uma fila.*

Não decorre dos elementos supramencionados do processo de contraordenação que, ao passar o cruzamento, a trajetória do automóvel "Toyota-Avensis", sob o controlo do condutor C., passe em direção a outros veículos numa direção estritamente rectilínea.

Os dados iniciais mostram que, durante a passagem do cruzamento, a via referida nos materiais do processo como **"Via de trânsito em sentido contrário",** era para o automóvel "Toyota-Avensis", **"Via de trânsito atravessada",** que ao passar o cruzamento das ruas Botanicheskaya - Stantsionnaya na zona de 41a, o automóvel atravessou num determinado ângulo em relação ao modo de trânsito estabelecido na mesma.

Além disso, a partir dos materiais fotográficos do processo de contraordenação, conclui-se que a linha das marcas rodoviárias 1.1 Anexo 2 das regras de trânsito RF do lado da rua Stantsionnaya em Moscovo está localizada dentro dos limites do cruzamento em questão.

Esta circunstância é de importância fundamental para avaliar as acções do condutor de um ponto de vista técnico, uma vez que, no interior do cruzamento, a faixa de rodagem pela qual entrou na rua Stantsionnaya não vinha em sentido contrário.

[14]**Conclusão:** de um ponto de vista técnico, a pista referida no protocolo 99 KA № 1582036 e a decisão sobre a infração administrativa do juiz de paz do local do tribunal № 96 de Moscovo como a pista em sentido contrário para o movimento do carro "Toyota-Avensis", GRZ "A 213 EB 199", sob o controle do motorista S., não é .

1.5. Deteção de falsificação de dados sobre a presença de sinais de intoxicação alcoólica

Os instrumentos de medição disponíveis estão longe de ser perfeitos e não excluem a possibilidade de um trabalho inexato, que é frequentemente utilizado de forma abusiva por agentes da polícia e psiquiatras da dependência para falsificar provas.

Vamos revelar alguns segredos sobre a forma como alguns toxicodependentes e inspectores da polícia de trânsito utilizam os seus cargos oficiais para "transformar" proprietários de automóveis sóbrios em alcoólicos embriagados. Inicialmente, se houver razões reais para acreditar que o condutor está embriagado, o inspetor da polícia de trânsito é obrigado a suspendê-lo da condução do veículo e a oferecer-se para se submeter ao chamado exame policial (parte 1.1 do artigo 27.2 do Código de Infracções Administrativas da Federação Russa).

Os requisitos para o alkotector da polícia e o procedimento para a sua utilização constam dos pontos 5-8 das Regras de exame de uma pessoa que conduz um veículo por intoxicação alcoólica e registo dos seus resultados, encaminhamento desta pessoa para exame médico por intoxicação, exame médico desta pessoa por intoxicação e registo dos seus resultados (aprovado pela Resolução do Governo da Federação Russa de 26 de junho de 2008 N 475) (com a redação que lhe foi dada em 10

---

[14] Conclusão adicional do especialista no processo relativo a uma infração administrativa n.º 71976 sobre a parte 4 do artigo 12.15 do CAO RF.

de fevereiro de 2011).

Com base nestes regulamentos, o bafómetro da polícia:

a) meios técnicos de medição que fornecem um registo em papel dos resultados do estudo;

б) autorizado a ser utilizado pelo Serviço Federal de Controlo dos Cuidados de Saúde e do Desenvolvimento Social;

в) verificado em conformidade com o procedimento estabelecido pelo Instituto Federal de Regulamentação Técnica e Metrologia, cujo tipo está incluído no registo estatal dos tipos de instrumentos de medição aprovados (a seguir designados "instrumentos de medição técnicos").

Antes do exame de alcoolemia, o inspetor da polícia de trânsito ou a VAL (se o condutor de um veículo pertencente ao Ministério da Defesa for detido) informam o condutor que depõe sobre o procedimento de exame com recurso a um instrumento técnico de medição, a integridade do carimbo do verificador estatal, a presença de um certificado de verificação ou de um registo de verificação no passaporte do instrumento técnico de medição.

Ao efetuar um exame de intoxicação alcoólica, a polícia de trânsito ou os inspectores da polícia de trânsito são obrigados a recolher uma amostra do ar expirado, de acordo com as instruções de funcionamento do aparelho técnico de medição utilizado.

A presença ou ausência de intoxicação alcoólica é determinada com base nas leituras do instrumento técnico de medição utilizado, tendo em conta o erro admissível do instrumento técnico de medição.

A lei impõe requisitos semelhantes aos meios técnicos.

Por meios técnicos especiais entendem-se os aparelhos de medição aprovados na ordem estabelecida como instrumentos de medição, que possuam os certificados adequados e que tenham sido aprovados na verificação metrológica (parte 1 do artigo 26.8 do Código das Infracções Administrativas da Federação Russa).

E com base na disposição da parte 3 do n.º 2 do artigo 26.º do CAO RF, não é permitido utilizar provas num processo relativo a uma infração administrativa, obtidas em violação da lei.

Outros alcoolímetros, como os adquiridos pelos inspectores da polícia de trânsito numa feira da ladra, que não estão registados nos registos da polícia de trânsito e não cumprem estes critérios, são proibidos e não podem ser utilizados.

Soprar para um bafómetro ao frio é proibido! Se alguém pôs em causa o procedimento do exame ao frio, penso que não são muitos. Mas quem soprar para o bocal do bafómetro ao frio não só corre um sério risco de ficar doente durante muito tempo, como também de ser privado do direito de conduzir um automóvel durante muito tempo. E independentemente do facto de ter ou não ingerido bebidas alcoólicas.[15]

De acordo com o ponto 2 do manual de instruções do analisador de vapores de etanol ALKOTECTOR PRO-100:

- Gama de temperaturas do ar ambiente: 0 a 40 oC;
- humidade relativa do ar ambiente não superior a 95 %;
- Gama de pressão atmosférica: 84,0 a 106,7 kPa.

A conclusão do FGU Penza CSM, afirma que os alkotektors, modificações PRO-100 e PRO-100 combi, que estão ao serviço dos inspectores da polícia de trânsito, devem ser operados em intervalos de temperatura estritamente previstos - de 0 a + 40 graus.

Em temperaturas negativas, a utilização do bafómetro é inadmissível.

---

[15] Shulipa Yu. Exposição de inverno do OCG de narcologistas, polícia de trânsito e juízes. M - 2011. Sucursal de Moscovo da FAR: http://www.far-msk.ru/?p=17395

Na maior parte das regiões da Rússia, as temperaturas negativas estão a ser mais elevadas do que as positivas. Ao mesmo tempo, um grande número de proprietários de automóveis foi submetido ao chamado exame policial diretamente na estrada. Atualmente, não é difícil compreender os resultados a que tais exames conduziram e, infelizmente, continuam a conduzir.

O n.º 46 do Regulamento Administrativo (aprovado por Despacho do Ministério da Administração Interna da Federação Russa de 02.03.2009. № 185), estabelece: "Os meios técnicos para o controlo do tráfego, relacionados com os dispositivos de medição, devem ser certificados como meios de medição, ter um certificado de verificação válido, emitido pela Agência Federal de Regulamentação Técnica e Metrologia (mantido na unidade), e ser **utilizados de acordo com as instruções e orientações sobre a ordem de aplicação destes meios"**.

São categoricamente inadmissíveis vários desvios às instruções e orientações metodológicas para a utilização de meios técnicos, incluindo os gravadores de alcatrão, uma vez que conduzem a resultados distorcidos.

Estas circunstâncias aplicam-se plenamente à realização de exames médicos por psiquiatras especialistas em toxicodependência em unidades móveis (viaturas).

Os requisitos para uma estação móvel (veículo) para o exame médico de intoxicação de pessoas que conduzem um veículo (Anexo N 9 do Despacho do Ministério da Saúde da Federação Russa de 14 de julho de 2003 N 308 "Sobre o exame médico de intoxicação") não contêm informações sobre a temperatura do ar no interior do veículo médico. Por conseguinte, podemos partir do princípio de que a temperatura do ar no interior do veículo médico móvel é a mesma que no exterior.

Provando que a temperatura do ar abaixo de zero é possível com:

a) certificados do serviço local da Roshydromet sobre a temperatura do ar durante o período de certificação;

б) informações técnicas do termómetro eletrónico.

É aconselhável dispor da totalidade destes elementos de prova antes da próxima audiência.

Entre outras coisas, os dados relativos à temperatura do ar no momento do exame podem ser confirmados por um relatório escrito elaborado com a ajuda de 2 ou 3 cidadãos, que podem ser convocados para o tribunal como testemunhas. É igualmente desejável que as informações sobre a temperatura do ar sejam indicadas no protocolo.

Para as pessoas que utilizaram medicamentos não proibidos para conduzir, é prescrito um regime de repetição de testes.

Recordemos que muitos automobilistas que tomaram medicamentos sujeitos a receita médica, sob cuja influência não é proibido conduzir, foram ilegalmente privados do direito de conduzir. E a razão de tais privações reside também na utilização incorrecta de alcotecgors.

De acordo com a cláusula 8.2.1. do manual de instruções do analisador de vapores de etanol no ar expirado ALKOTECTOR PRO-100: "A amostra de ar analisada não deve conter partículas de fumo de tabaco, resíduos de etanol ou de preparações medicinais que contenham álcool, bem como expetoração e saliva, pelo que deve ser aprovada antes do ensaio:

• pelo menos 2 minutos depois de fumar;

• pelo menos 20 minutos após o consumo de medicamentos que contenham etanol;

Como o álcool é absorvido pela corrente sanguínea, pode demorar 30 minutos após a ingestão de uma bebida alcoólica até que esta atinja a sua concentração máxima no sangue. Este fator deve ser tido em conta na análise dos resultados dos testes e na prescrição de uma repetição do teste".

O manual de instruções do analisador de vapores de etanol ALKOTESTOR PRO-100 não contém quaisquer proibições relativas à utilização de preparações médicas que contenham etanol por pessoas que conduzam veículos.

Este produto recebeu a marca de qualidade de equipamento médico e, por conseguinte, o Manual de Operação do Analisador de Vapores Respiratórios ALKOTESTOR PRO-100 confirma a possibilidade de utilização de preparações médicas contendo etanol por pessoas que conduzem veículos. Estão previstos modos de teste especiais e repetidos para pessoas que tenham consumido preparações médicas que contenham etanol.

Quando foi a última vez, depois de ter consumido drogas, que um agente da polícia de trânsito lhe ofereceu um novo teste no seu alcoolímetro policial 30 minutos após o teste inicial?

Ao efetuar um exame médico, o ponto 16 da instrução sobre a realização de um exame médico por intoxicação de uma pessoa que conduz um veículo (Anexo 3 do despacho do Ministério da Saúde da Federação Russa de 14 de julho de 2003 N 308) prescreve o seguinte aos narcologistas.

A conclusão sobre a intoxicação resultante do consumo de álcool é feita se os resultados da determinação do álcool no ar expirado por um dos meios técnicos de medição efectuados com um intervalo de 20 minutos forem positivos, ou se forem utilizados pelo menos dois meios técnicos diferentes de indicação da presença de álcool no ar expirado, utilizando ambos em cada exame efectuado com um intervalo de 20 minutos.

Como é sabido, o corpo de qualquer pessoa contém uma certa quantidade de álcool endógeno no sangue (aproximadamente até 20 mg de álcool em 100 g em combinação com um complexo de certas substâncias).

O limite legal de 0,3 ppm de álcool no organismo foi introduzido por lei federal em 1 de julho de 2008. No entanto, estas alterações não significam que um condutor possa ingerir uma pequena quantidade de álcool antes de se sentar ao volante.

Anteriormente, o legislador, com base na metodologia do teor de álcool endógeno no organismo, resultante da utilização de certos produtos não alcoólicos e medicamentos, introduziu razoavelmente esta norma para separar os alcoólicos dos que levam um estilo de vida sóbrio e para proteger estes últimos dos abusos dos inspectores da polícia de trânsito. Ao introduzir estas alterações, o legislador baseou-se na vasta experiência de países estrangeiros.

A título de comparação, note-se que a dose admissível de álcool no corpo dos condutores na Bélgica e na Alemanha é de 0,5 ppm, em França de 0,8 e nos EUA de 1,0. Ao mesmo tempo, nestes países, os médicos toxicodependentes são seriamente responsabilizados por pareceres médicos conscientemente falsos, bem como por violação das tecnologias (métodos) da sua realização, e os próprios procedimentos são mais transparentes do que na Rússia.

A prática nacional mostra que, muitas vezes, durante os exames médicos, os médicos toxicologistas falsificam os resultados dos exames para agradar à polícia de trânsito. Além disso, os médicos especialistas em toxicodependência nem sempre seguem as tecnologias de exame.

O erro frequente dos alcometres na realização dos ensaios também não é tido em conta. É notada a utilização de alcometres com certificados de verificação de dispositivos expirados ou não incluídos no registo de Gosstandart.

A punição merecida dos culpados que conduzem veículos em estado de embriaguez e a isenção de responsabilidade dos inocentes é dificultada por graves lacunas na atual legislação sobre contra-ordenações e outros actos normativos, bem como pela sua não execução ou execução apenas sob o aspeto punitivo, em violação das normas estabelecidas.

O exame médico de intoxicação por álcool ou drogas é um exame pericial e a conclusão emitida com base nos seus resultados é um parecer pericial.

No entanto, como o Supremo Tribunal da Federação da Rússia explicou na sua análise da legislação e da prática judicial do Supremo Tribunal da Federação da Rússia para o quarto trimestre de 2006 (resposta à pergunta 15), um narcologista (paramédico) que efectua um exame médico da intoxicação de um condutor não deve ser advertido da responsabilidade por ter emitido um parecer conscientemente falso. Ao fazê-lo, o Supremo Tribunal referiu-se ao facto de o Código da Federação Russa sobre as infracções administrativas não prever tal requisito. Isto significa que um médico especialista em toxicodependência não está sujeito a responsabilidade administrativa por ter dado um parecer conscientemente falso.

Só em casos extremamente raros é possível responsabilizar disciplinarmente um médico especialista em narcologia por ter emitido um parecer conscientemente falso, através das instituições médicas regionais superiores. Isto é dificultado pela corporativização da medicina. A este respeito, a nível federal, existe uma necessidade real de alterar a legislação relacionada com o estabelecimento de critérios para o estado de intoxicação por álcool e drogas das pessoas que conduzem veículos.

1.6. Detetar a falsificação de dados relativos à velocidade dos veículos

Consideremos a fabricação básica de provas no exemplo do trabalho do dispositivo de medição de velocidade mais comum "Vizir". O aparelho tem duas funções principais: gravação de vídeo, funcionando no modo de "fotofixação" *e* medição por radar. Ambas as funções podem funcionar em modos diferentes.

Antes do funcionamento, o dispositivo é configurado com parâmetros: vetor de pesquisa, nível de velocidade permitido, algoritmo de fixação de objectos. Depois disso, o próprio dispositivo detecta os veículos que circulam a uma velocidade excessiva e informa-o através de um sinal sonoro. Depois disso, basta premir o botão do dispositivo e a fixação do veículo em excesso de velocidade terá lugar. A informação é dada sob a forma de um pequeno clip de vídeo ou apresentada sob a forma de uma fotografia.

Durante a operação dos velocímetros, muitos inspectores "vigilantes" da polícia de trânsito identificam as suas falhas significativas, utilizando-as para fabricar provas incriminatórias.

O medidor de velocidade "Visir" tem um certo número de inconvenientes, admitidos durante o desenvolvimento, que são inerentes a todos os medidores de velocidade semelhantes. Consideremos os principais inconvenientes deste aparelho.

1) Inadequação dos parâmetros geométricos da zona de cobertura do radar-metro e da câmara de foto-vídeo. O contador de radar é tecnicamente capaz de determinar a velocidade dos veículos a uma distância de 400 metros, enquanto a câmara de foto-vídeo só os pode registar a uma distância de 80 metros. Por este motivo, a velocidade registada pode pertencer não ao veículo que excedeu efetivamente o limite de velocidade, mas a outro veículo que o seguia à frente ou atrás.

2) Ao funcionar no modo "Near Target", o aparelho detecta um TC a partir do qual o medidor de radar detecta um sinal refletido de potência máxima.

Se o dispositivo funcionar neste modo e apontar simultaneamente para dois objectos (TCs), será favorecido o alvo com a superfície reflectora máxima.

3) Ao conduzir um carro-patrulha, utilizar intencionalmente o "Modo Estacionário" em vez do "Modo Patrulha" para sobrestimar a velocidade.

4) Devido a parâmetros desproporcionais desequilibrados do funcionamento do radar e da câmara de vídeo, a velocidade do veículo mais rápido é detectada num fluxo denso, enquanto a câmara de vídeo regista o veículo mais próximo do dispositivo.

A precisão das medições é também afetada por factores como a temperatura do ar, as mudanças bruscas de temperatura, a humidade e a pressão atmosférica.

A forma mais fácil de detetar a falsificação dos resultados da sonda de gado é utilizar um navegador capaz de registar os dados do itinerário ou um tacógrafo.

1.7. Envolvimento de um especialista no caso

Atualmente, o instituto da participação de um especialista no processo de contraordenação está a melhorar ativamente. Os automobilistas começaram a envolver especialistas no processo com muito mais frequência.

A deteção de várias falsificações nos domínios da caligrafia, metrologia, gestão de tráfego e medicina requer frequentemente conhecimentos especializados, que as pessoas com formação profissional superior e experiência no domínio em causa possuem.

Qualquer pessoa adulta não interessada no resultado do processo, que <u>possua os conhecimentos</u> necessários para ajudar na deteção, fixação e apreensão de provas, bem como na utilização de meios técnicos (parte 1 do artigo 25.8 do Código das Infracções Administrativas da Federação Russa) pode participar como especialista. *A lei não proíbe a convocação de um especialista para uma audiência em tribunal por iniciativa dos participantes no processo.*

Existem requisitos mínimos para um especialista. É suficiente uma formação profissional superior no domínio de conhecimento em causa e uma experiência profissional mínima. Em regra, os juízes raramente envolvem especialistas num processo por sua própria iniciativa. Por conseguinte, sem esperar que o juiz emita uma decisão de acusação, as partes no processo devem recorrer a um especialista por sua própria iniciativa.

É aconselhável envolver especialistas no caso após consulta prévia.

Antes de contactar um especialista, é necessário fotografar o caso com uma câmara com uma resolução de 8 a 12 megapixéis (de capa a capa), para o que é necessário fazer um pedido escrito de familiarização, especificando a marca e o modelo da câmara.

Em seguida, enviar os processos recebidos, juntamente com as cópias originais dos documentos, a um especialista para exame.

Os resultados da investigação efectuada são fixados pelo especialista sob a forma de um relatório escrito.

O parecer do perito recebido é anexado ao processo, bem como a ata da audiência, mediante pedido na secretaria do tribunal, 2 a 3 dias antes da audiência seguinte.

Consoante o ato imputado e o estado do processo, o advogado de defesa, por sua própria iniciativa, deve envolver outros especialistas no processo.

Até à sessão do tribunal, é necessário preparar um requerimento fundamentado para encerrar o processo relativo a uma infração administrativa, com referências às provas recebidas: a transcrição do julgamento anterior e as conclusões do perito em caligrafia e do especialista, bem como os depoimentos das testemunhas (se tiverem sido ouvidas algumas).

O CAO RF não estabelece as formas de obtenção de provas por parte do advogado de defesa e do arguido, da vítima e do seu representante. Por conseguinte, o advogado de defesa tem o direito e a obrigação de recolher provas da inocência do arguido por todos os meios legais.

Com base na disposição da parte 1 do n.º 2 do artigo 26.º da CAO RF, os elementos de prova num processo de infração administrativa são quaisquer dados factuais, com base nos quais o juiz, o organismo, o funcionário, em cujo processo se encontra o processo, estabelece a existência ou a ausência de um evento de infração administrativa, a culpa de uma pessoa sujeita a responsabilidade administrativa, bem como outras circunstâncias relevantes para a resolução correcta do processo.

De acordo com a p. 18 da Resolução do Plenário do Supremo Tribunal da Federação Russa n.º 24 de 24 de março de 2005, "Sobre algumas questões de aplicação da parte geral do CAO RF", ao considerar um caso sobre uma infração administrativa, as provas recolhidas sobre o caso devem ser avaliadas em conformidade com o artigo 26.11. do CAO RF, bem como a partir da posição da lei na sua receção (parte 3 do artigo 26.2. do CAO RF).

Vejamos que tipo de especialista deve ser envolvido no caso.

POCHERKOVED.

Antes da audiência, o advogado de defesa e o arguido devem familiarizar-se com o processo. A presença de uma falsificação evidente pode ser detectada através da comparação das informações contidas na cópia e no protocolo original.

Se houver falsificações no material do processo, por exemplo: se forem forjadas assinaturas de testemunhas, se forem incluídas nos documentos pessoas não relacionadas com o processo ou se forem acrescentadas circunstâncias fictícias aos documentos originais para reforçar a acusação, o advogado de defesa (arguido) deve, por sua própria iniciativa, solicitar a intervenção de um perito em caligrafia no processo.

ORGANIZAÇÃO DO TRÁFEGO

O parecer competente de um especialista em gestão de tráfego pode também, muitas vezes, ajudar a que um juiz preste atenção à instalação incorrecta de sinais e marcações. Um funcionário de uma organização de manutenção de estradas - a pessoa responsável pela instalação de sinais e marcas rodoviárias - ou um professor de uma universidade de auto-estradas e estradas pode ser convidado a participar no processo como perito.[16]

MEIOS TÉCNICOS DE MEDIÇÃO

Nos casos que envolvem a utilização de aparelhos de medição técnica (n.os 8 e 9 do artigo 12.o do Código das Infracções Administrativas da Federação Russa), para emitir um parecer, devem ser solicitados ao OGIBDD, mediante pedido expresso ou por iniciativa própria, os seguintes documentos relativos aos aparelhos de medição técnica, medidores de velocidade e alcotectores utilizados por um inspetor da polícia de trânsito e por um médico-psiquiatra-toxicologista na sua totalidade:

1. *Instrumento Passaporte.*
2. *Certificado de Conformidade.*
3. *Certificado de registo com um apêndice.*
4. *Certificado de homologação da medição com anexo.*
5. *Certificado de marca de qualidade para equipamento médico com (anexo (exceto para o gyrostemer).*
6. *Certificado de verificação do dispositivo.*
7. *O manual de instruções do aparelho.*
8. *Cartão de inventário do dispositivo.*

NARCOLOGIA

Se for iniciado um processo de infração administrativa com base na deteção de intoxicação por álcool ou drogas de uma pessoa que conduzia um veículo, é necessário convidar como especialista um psiquiatra-narcologista que trabalhe numa instituição médica "independente" da polícia de trânsito. Em caso de resultados distorcidos do bafómetro, é necessário envolver adicionalmente um engenheiro especializado no domínio da metrologia e da normalização.

De acordo com as ordens do Ministério da Saúde da Federação Russa de 27 de janeiro de 2006 № 40 "Sobre a organização de estudos químico-toxicológicos no diagnóstico analítico da presença

---

[16] Foram colocadas armadilhas nas estradas do mapa de Moscovo. ITAR-TASS /Interpress/M. 2011: http://www.firstnews.ru/news/lenta/20056/

no corpo humano de álcool, estupefacientes, substâncias psicotrópicas e outras substâncias tóxicas";
o Ministério da Saúde da Federação Russa de 14 de julho de 2003 N 308, de 14 de julho de 2003 N
308 "Sobre o exame médico para intoxicação", é necessário reivindicar cópias:

1. *Lei sobre o exame médico de intoxicação da pessoa que conduz o veículo (Anexo N1 do Despacho do Ministério da Saúde e do Desenvolvimento Social da Federação Russa de 14 de junho de 2003 N308).*
2. *Extractos da revista de registo da seleção de objectos biológicos (Anexo 52 5 do Despacho do Ministério da Saúde e do Desenvolvimento Social2 da Federação Russa de 27.01.2006 40).*
3. *Referências para estudos químico-toxicológicos (Anexo 20 7 do Pr0x2y do Ministério da Saúde 2 social27zvit00 2F 2t 27.01.200620 40).*
4. *Certificados de entrega de objectos biológicos para investigação químico-toxicológica (Anexo 29 9 do Despacho do Ministério da Saúde e Social 2azvi1200 2F 2t 27.01.20062040).*
5. *Certificados sobre os resultados dos estudos químicos e toxicológicos (Anexo 20 11 do Despacho do Ministério da Saúde e do Desenvolvimento Social. Federação Russa de 27.01.2006 40).*
6. *Extractos da revista de registo de estudos químicos e toxicológicos (Anexo 20 13 do Despacho do Ministério da Saúde e do Desenvolvimento Social 2F 27 27.01.2006 242 40).*

A pessoa sujeita a responsabilidade administrativa deve apresentar certificados de médicos assistentes sobre a presença de doenças relevantes e sobre a utilização de medicamentos relevantes a este respeito (se for caso disso).

Ao examinar os dados contidos nos materiais acima referidos na sua inter-relação, um médico especialista independente em psiquiatria e toxicodependência pode chegar a uma conclusão razoável sobre a obtenção dos resultados da intoxicação por drogas devido ao uso pelo proprietário do automóvel de drogas não contra-indicadas para uso durante a condução, ou sobre a violação da tecnologia médica de obtenção dos resultados do exame.

CAPÍTULO 2

CONTROLO JUDICIAL

2.1. Controlo público das actividades da polícia de trânsito

A previsão legal do controlo público é de importância constitucional.

Com base na disposição da parte 3 do artigo 55.º da Constituição da Federação Russa, os direitos e liberdades humanos e civis só podem ser restringidos pela lei federal na medida do necessário para proteger os fundamentos da ordem constitucional, a moralidade, a saúde, os direitos e interesses legítimos de outras pessoas, para garantir a defesa nacional e a segurança do Estado.

Por outras palavras, tudo o que não é expressamente proibido pela lei federal está sujeito ao controlo público.

O controlo público é efectuado por representantes de associações públicas, em regra, para atingir os objectivos das actividades estatutárias, e por cidadãos individuais.

No presente manual, **os "representantes públicos"** *e (ou) "membros do público" são membros de associações públicas, grupos de cidadãos que exercem um controlo público sobre as actividades das autoridades públicas.*

As patrulhas dos cidadãos e o controlo judicial no domínio do tráfego rodoviário são tipos de controlo público inter-relacionados e interdependentes. Por conseguinte, não é possível considerar estes dois fenómenos isoladamente.

Sem uma patrulha civil, o controlo judicial não pode ser plenamente exercido.

O controlo público das actividades dos inspectores da polícia de trânsito na rede de ruas e estradas é efectuado sob a forma de uma patrulha civil.

No dicionário da língua russa de S. I. Ozhegov está estabelecido **"Patrulha"** *(francês patrouille) - um pequeno grupo de uma unidade militar, milícia, para controlar a ordem, a segurança numa determinada área.* [17]

A "patrulha cidadã" distingue-se da "patrulha" na aceção clássica, na medida em que a observação da ordem e da segurança nas actividades policiais é *efectuada pelos cidadãos.*

Vamos definir este termo emergente.

"Patrulha civil", *um tipo de controlo público efectuado por representantes de associações públicas, um grupo de cidadãos independentes, sobre as actividades das unidades dos organismos de assuntos internos, da polícia de trânsito, dos organismos de manutenção e construção de estradas, com a ajuda de meios de gravação áudio e vídeo.*

Os princípios básicos das patrulhas civis na rede de ruas e estradas, incluindo postos fixos, são a furtividade, a discrição e o profissionalismo.

O princípio do sigilo consiste em efetuar um controlo público sem publicidade e em comunicar esse controlo a um vasto leque de pessoas. Apenas os resultados das medidas de controlo estão sujeitos a divulgação pública, não as informações sobre a sua aplicação.

O princípio da invisibilidade consiste em exercer o controlo público de tal forma que os inspectores da polícia de trânsito não possam aperceber-se da observação do público nas suas actividades.

O princípio do profissionalismo consiste no conhecimento, por parte dos representantes públicos, da legislação em vigor em matéria de segurança rodoviária e da prática da sua aplicação, na posse profissional de meios técnicos de gravação áudio e vídeo, na posse de competências em matéria de actividades de busca operacional e de contraespionagem, de mobilidade e de eficácia.

---

[17] Ozhegov S. I. Dicionário da língua russa, M. - 2007. Onyx e Educação, p. 637.

Os membros do público devem possuir qualidades morais elevadas, uma boa formação psicofisiológica, ser disciplinados e vigilantes, agir de forma decisiva, corajosa e persistente e suportar as dificuldades associadas à execução do controlo. Quando lidam com os inspectores da polícia de trânsito, devem ser educados e ter tato, e as suas acções não devem ultrapassar a legislação em vigor na Federação Russa.

A fim de garantir a sua própria segurança e de conseguir a eficácia da medida de controlo, o controlo público deve ser efectuado por um grupo de cidadãos.

Regra geral, os locais de controlo público na rede de ruas e estradas são cruzamentos corrompidos. Menos frequentemente, são postos fixos da polícia de trânsito e postos de controlo.

A expressão **"Encruzilhada da Corrupção"** pode ter três definições:

1) *um troço de estrada no qual, devido à instalação incorrecta de sinais, marcações e respetivo funcionamento, à configuração geométrica complexa da estrada, a outras condições da estrada, os condutores cometem acções aleatórias que apresentam sinais de infração, mas que não contêm os elementos da lei, que os inspectores da polícia de trânsito utilizam deliberadamente para aumentar o seu desempenho e receber dinheiro dos condutores;*

2) *um troço de estrada em que, devido à instalação incorrecta de sinais, marcações e respetivo funcionamento, à configuração geométrica complexa da via, a outras condições da estrada, os condutores cometem involuntariamente infracções administrativas em massa, que são utilizadas pelos inspectores da polícia de trânsito para aumentar as suas oportunidades de negócio, para tirar dinheiro aos condutores;*

3) *um troço de estrada em que os inspectores da polícia de trânsito distorcem deliberadamente os resultados dos aparelhos de medição técnica, bem como praticam outras acções ilegais, a fim de aumentarem o seu desempenho e receberem dinheiro dos condutores.*

Com efeito, a luta contra o conluio entre a <u>polícia</u> de trânsito e os tribunais é uma atividade pública complexa, de reconhecimento e de busca, diretamente relacionada com a penetração nas intenções dos inspectores da polícia de trânsito (polícia de trânsito), dos juízes de paz e dos juízes federais, a fim de obter informações sobre os actos ilícitos cometidos ou iminentes contra os proprietários de automóveis.[18]

O controlo público das actividades dos inspectores da polícia de trânsito deve ser efectuado de forma tão secreta quanto possível. Os controladores públicos devem elaborar antecipadamente um plano de ação acordado e distribuir entre si as responsabilidades de controlo. A forma e a tecnologia das actividades de controlo devem ser escolhidas em função da situação específica.

A prática do controlo público mostra que, se os inspectores da polícia de trânsito detectarem uma observação visual das suas actividades, contactam o oficial de serviço e abandonam subitamente os seus lugares.[19]

Por exemplo, se o cruzamento corrupto estiver localizado fora da cidade, na floresta, é necessário esconder os carros nos arbustos mais próximos e monitorizá-los a partir da floresta.

Os monitores comunitários podem controlar as actividades dos agentes da polícia rodoviária vestindo uniformes de trabalhadores rodoviários, imitando a limpeza da faixa de rodagem ou a verificação das condições da estrada, imitando passageiros à espera de um autocarro ou agentes publicitários de uma organização comercial.

---

[18] Shulipa Y. Yu. Tecnologia de contra-ação ao conluio ilegal da polícia de trânsito e dos tribunais. M. - 2011. Sucursal de Moscovo da FAR: http://www.far-msk.ru/?p=13563

[19] Reportagem da NTV sobre a "armadilha" na estação ferroviária de Paveletskiy de 3 de julho de 2010: http://www.youtube.com/watch?v=LD94X0zTyz8

Se o cruzamento corrupto estiver situado numa zona aberta, perto de mercados, de grandes interfaces de transportes ou de parques de estacionamento para veículos pesados, o vigilante comunitário pode vestir uma farda de trabalho, pegar num cartaz dos serviços da organização comercial e gravar vídeo através dele. Este tipo de vigilância discreta permitirá aproximar-se o mais possível da polícia de trânsito e efetuar não só uma gravação vídeo mais nítida, mas também uma gravação áudio dos acontecimentos. Este tipo de controlo aumentará, sem dúvida, a sua eficácia. No decurso da vigilância, para estar seguro contra eventuais acções ilegais da polícia, o observador público que acompanha as actividades dos inspectores da polícia de trânsito deve estar sob a supervisão constante dos seus colegas.

A gravação em vídeo das actividades dos inspectores da polícia de trânsito deve ser feita continuamente até estes deterem os proprietários dos veículos. Após a detenção, o controlador público deve concentrar-se na gravação da comunicação entre o proprietário do veículo e o inspetor da polícia de trânsito e na elaboração de protocolos.

No final da comunicação entre um inspetor da polícia de trânsito e um condutor, o controlador de gravação deve informar imediatamente o seu colega.

Depois de o proprietário do veículo e o inspetor da polícia de trânsito se terem separado a uma distância suficiente, o colega do inspetor público deve aproximar-se do proprietário do veículo, apresentar-se, dar o nome da organização pública e o objetivo do evento. Informar também sobre a gravação de vídeo, que os inspectores públicos pretendem apresentar na audiência em tribunal como prova para refutar a culpa do proprietário do automóvel. Posteriormente, depois de estudarem os materiais de acusação e a gravação vídeo dos acontecimentos, os representantes do público, o proprietário do automóvel e o seu advogado de defesa devem tomar uma posição sobre o caso. Recomenda-se que a gravação feita com uma queixa sobre as acções ilegais do inspetor da polícia de trânsito seja enviada ao Ministério Público e (ou) se houver indícios de crime nas suas acções, às autoridades de investigação.

É de notar que a forma de controlo público das actividades do DSS realizadas na mesma intersecção de corrupção não deve ser a mesma.

Posteriormente, quando é apresentada uma queixa, a direção do inspetor da polícia de trânsito comunica-lhe a gravação de vídeo. O inspetor da polícia de trânsito também pode tomar conhecimento através de um juiz de paz.

Por conseguinte, recomenda-se que a gravação em vídeo dos acontecimentos seja apresentada ao juiz e que os cidadãos só sejam ouvidos como testemunhas depois de o inspetor da polícia de trânsito ter sido ouvido.

Quando o inspetor da polícia de trânsito tiver conhecimento das medidas de controlo que lhe foram aplicadas, passará a comportar-se com extrema prudência nesse cruzamento, sob pena de ser transferido para outro posto de trabalho.

2.2. Tácticas de monitorização global

Uma das circunstâncias importantes que contribuem para a exposição da colusão ilegal é o estudo e a generalização das decisões judiciais nos sítios Web dos tribunais russos, com base nos resultados da análise de casos específicos.

Em sentido lato, **o "controlo judicial" é um** *tipo de controlo público sobre as actividades do poder judicial.*
O controlo judicial divide-se em dois tipos: **global e local.**

Controlo global - *observação e recolha de informações nos sítios Web oficiais dos tribunais da Federação da Rússia, informações periódicas e fontes jurídicas sobre actos judiciais emitidos pelos* *tribunais da Federação da Rússia e pelos órgãos da comunidade judicial, sua generalização e análise jurídica, bem como sobre os movimentos de pessoal dos juízes.*

Controlo local - *observação e recolha de informações sobre acções juridicamente significativas de um juiz ou de um coletivo de juízes, de órgãos da comunidade judiciária no decurso da apreciação de casos específicos e no exercício das suas actividades profissionais.*

Os cidadãos estão familiarizados com a localização dos cruzamentos corrompidos e, em regra, com o horário de intervenção das unidades de polícia de trânsito nos mesmos.

Os representantes das associações públicas recebem estas informações com base nos resultados do acompanhamento dos actos judiciais na Internet, nos relatos dos proprietários de veículos armadilhados nos fóruns da Internet, com a ajuda dos seus agentes - os actuais inspectores da polícia de trânsito e os chefes dos seus departamentos.

É de notar que alguns membros do público são antigos inspectores da polícia de trânsito ou, de uma forma ou de outra, estiveram anteriormente associados às actividades da polícia de trânsito. Têm uma oportunidade real de receber dos seus antigos colegas documentos internos: cartões do posto, rota de patrulha do inspetor (p. 39 do despacho do Ministério dos Assuntos Internos da Federação Russa de 2.03.09, n.º 186 dsp); descrições de funções de inspectores específicos (p. 15 do despacho do Ministério dos Assuntos Internos da Federação Russa de 2.03.09, n.º 186 dsp), informações sobre meios técnicos de medição, qualidades pessoais de funcionários individuais, informações sobre o local e a hora de implantação das unidades da polícia de trânsito.

Além disso, com base nos artigos 8.º e 27.º da Lei Federal n.º 149, de 27 de julho de 2006, relativa à informação, às tecnologias da informação e à proteção da informação, e na Lei n.º 82, de 19 de maio de 1995, relativa às associações voluntárias, as associações voluntárias podem solicitar as informações na íntegra. Os <u>organismos responsáveis pelos assuntos internos não têm o direito de recusar o fornecimento destas informações</u>.

Uma das circunstâncias importantes que contribuem para a exposição da colusão ilegal é o estudo e a generalização das decisões judiciais nos sítios Web dos tribunais russos, com base nos resultados da análise de casos específicos.

Por força da parte 2 do artigo 15 da Lei Federal de 22. 12. 2008г. N 262-FZ "Sobre a garantia de acesso à informação sobre as actividades dos tribunais na Federação da Rússia" - os textos dos actos judiciais sujeitos a publicação nos termos da lei, bem como os textos de outros actos judiciais emitidos pelo Tribunal Constitucional da Federação da Rússia, tribunais constitucionais (estatutários) das entidades constituintes da Federação da Rússia, tribunais arbitrais, com exceção dos textos dos actos judiciais especificados na parte 4 deste artigo, são publicados na Internet na íntegra.

Como é sabido, a decisão relativa a um processo de contraordenação deve especificar:

1. *funcionário, apelido, nome, patronímico do juiz, funcionário, nome e composição do órgão colegial que proferiu a decisão, respetivo endereço;*
2. *data e local de apreciação do processo;*
3. *informações sobre a pessoa em relação à qual o caso foi analisado;*
4. *as circunstâncias apuradas durante a instrução do processo;*
5. *artigo do presente Código ou da lei da Federação Russa que prevê a responsabilidade administrativa pela prática de uma infração administrativa, ou os motivos para o encerramento do processo;*
6. *uma decisão fundamentada sobre o caso;*
7. *o prazo e o procedimento de recurso da decisão* (parte 1 do artigo 29.4. da CAO RF).

Os resultados globais das patrulhas civis e do acompanhamento dos tribunais podem revelar que o número de veículos mandados parar por infracções ao código da estrada pelos condutores não corresponde ao número de processos iniciados e posteriormente apreciados.

Por exemplo, de acordo com os resultados das observações dos membros da secção de Moscovo das FAR sobre as actividades dos inspectores dos 3 BPS da polícia de trânsito do Distrito Administrativo Central de Moscovo, em 20 condutores detidos por suspeita de violação das regras de trânsito, só foram elaborados protocolos sobre infracções administrativas, em média, relativamente a 2 pessoas.[20]

Ao mesmo tempo, no período especificado, o número de processos recebidos pelos 3 BPS da polícia de trânsito do Distrito Administrativo Central de Moscovo, ao abrigo da parte 4 do artigo 12.15 do CAO RF, é superior ao número de decisões emitidas pelo juiz de paz do distrito judicial n.º 102 de Moscovo com base nos resultados da sua análise.[21]

Este tipo de controlo pode ser feito através de pedidos aos chefes das unidades do DSS e aos presidentes dos tribunais relevantes.

As disposições legais acima mencionadas permitem que as associações públicas recebam estas informações na íntegra, sem quaisquer restrições ou proibições.

A sistematização desta informação ajudará a identificar padrões comuns. Com base nestas informações, deve ser criado um calendário geral e específico para o início dos processos. O calendário geral deve basear-se em informações sobre o aparecimento e o desaparecimento de pontos de contacto de corrupção numa região, o seu número e o volume de processos iniciados ao abrigo dos artigos do Código das Infracções Administrativas nos últimos seis meses.

Deverão ser elaborados calendários individuais para cada junção específica de corrupção. Devem incluir informações sobre o número de processos iniciados ao abrigo dos artigos relevantes do Código das Contra-Ordenações durante o dia e a hora em que foram cometidos os actos imputados.

Esta sistematização dos dados obtidos fornecerá as informações mais completas sobre a localização dos cruzamentos corrompidos e o momento em que as unidades de polícia de trânsito neles se encontram, bem como sobre a substância dos actos imputados.

2.3. Tácticas de controlo local

Nos tribunais, a tarefa dos representantes do público consiste em recolher informações completas sobre as acções juridicamente significativas de um juiz, de um coletivo de juízes ou dos órgãos da comunidade judiciária.

Estas tarefas só podem ser resolvidas no decurso da apreciação de processos específicos: penais, administrativos, civis, disciplinares, ou seja, durante as actividades profissionais dos juízes ou dos membros da comunidade judiciária.

O controlo público sobre as acções do juiz começa mesmo antes do início da apreciação do caso no tribunal. Muitas vezes, nos tribunais russos, a apreciação dos processos começa com as tradicionais demoras de vários minutos a horas.

Compete ao juiz decidir sobre a fixação da hora e do local de apreciação do processo (n.º 1, parte 1, do artigo 29.4 da CAO RF). Isto significa que a apreciação do processo deve começar exatamente na hora marcada.

Se, após uma espera de trinta minutos, a audiência marcada para o processo não tiver começado devido à ausência do juiz, as pessoas envolvidas no processo e os membros do público devem elaborar

---

[20] Shulipa Yu. Yu. Diagnóstico da justiça administrativa de Moscovo. Primeiros resultados sobre o exemplo da encruzilhada da corrupção - Praça Paveletskaya de Moscovo. Moscovo. Relatório científico e prático. M-2010. Sucursal de Moscovo da FAR: http://www.far-msk.ru/?page_id=11241

[21] Voevodin V. A. Paveletskaya - continuação da história. M-2010. Sucursal de Moscovo da FAR: http://www.far-msk.ru/?p=7849

um <u>registo da ausência do juiz do seu local de trabalho</u>. Se o juiz estiver presente no edifício do tribunal, mas ignorar a audiência do processo à hora marcada, deve ser elaborada uma declaração de <u>falta de audiência à hora marcada</u>.

O ato é redigido em forma escrita livre e dirigido ao presidente do tribunal de comarca (cidade) e serve para estabelecer o facto jurídico - <u>a não apreciação do processo pelo juiz na data prevista</u>. O ato deve especificar os apelidos, nomes próprios, patronímicos, signatários, respectivos endereços e, se desejado, outros dados de contacto.

O ato é redigido em, pelo menos, dois exemplares, um dos quais fica na posse de um dos requerentes.

Após a elaboração do ato, este deve ser imediatamente entregue e registado na secretaria do tribunal de comarca (cidade).

Nestas circunstâncias, se o juiz decidir realizar uma reunião mais tarde, a uma hora diferente e na ausência dos participantes no processo, então, em recurso, a decisão é anulada pelo juiz de um tribunal superior como tendo sido emitida com uma violação significativa das normas processuais (n.º 4, parte 1, do artigo 30.7 do CAO RF), e o processo é enviado para uma nova apreciação. Se o prazo de prescrição para a apresentação da responsabilidade administrativa tiver expirado (e n.º 6, parte 1, do artigo 24.5 do CAO RF), o juiz de um tribunal superior, guiado pelo n.º 3 ч. 3 ч. 1, parte 1, do artigo 30.7 da CAO RF, é obrigado a anular a decisão e a suspender o processo.

A prática demonstra que, durante a apreciação dos processos relativos a infracções administrativas, nem todos os juízes asseguram a conservação do registo da sessão do tribunal.

Por exemplo, em Moscovo, mesmo que o advogado de defesa ou as pessoas envolvidas no processo apresentem requerimentos apropriados, os juízes de paz e os juízes federais recusam-se a conservar os registos das audiências judiciais com base em motivos espúrios. Pelo contrário, os juízes de paz e os juízes federais da região de Moscovo, por ordem do Presidium do Tribunal Regional de Moscovo, asseguram a manutenção dos registos das audiências.

No entanto, manter um registo não significa registar nele a exatidão e a integralidade de todas as circunstâncias juridicamente relevantes reveladas durante a apreciação do caso.

Ao examinar um processo relativo a uma infração administrativa, a pessoa em relação à qual o processo foi iniciado e o seu advogado de defesa devem convidar previamente representantes do público para a sessão do tribunal.

Como já foi referido, os membros do público devem ter conhecimentos do direito, experiência tática no exercício do controlo público das actividades dos tribunais e da condução das audiências, bem como a capacidade de utilizar profissionalmente os meios técnicos de gravação áudio e vídeo.

É de notar que a atual legislação processual da Federação Russa não proíbe que as pessoas que participam na apreciação pública do processo e os cidadãos presentes na sessão do tribunal registem o desenrolar da apreciação do processo através de uma gravação áudio.

É permitido fotografar, gravar em vídeo e transmitir na rádio e na televisão a apreciação pública de um processo de infração administrativa com a autorização de um juiz, de um órgão ou de um funcionário que esteja a apreciar um processo de infração administrativa (n.º 3, terceira parte, do artigo 24.º, n.º 3, da CAO RF).

No entanto, o CAO RF não contém uma proibição direta de gravar em vídeo uma sessão de tribunal. Não existe qualquer responsabilidade pela realização de uma gravação vídeo de uma sessão de tribunal sem a autorização do juiz.

Como mostra a prática, uma gravação vídeo de uma sessão de tribunal feita sem autorização do juiz é utilizada como prova pelos órgãos da comunidade judiciária e pela investigação preliminar.

As recomendações sobre a utilização de um ditafone em audiências de tribunal são mínimas e dependem do grau de falsificação do caso, da corrupção do inspetor do DSS que está a ser questionado e da adequação e dependência do juiz que está a ouvir o caso.

Em comparação com a utilização de uma câmara de vídeo, a utilização de um gravador de voz é um pouco mais fácil e é feita na ordem inversa.

Se o processo for claramente fabricado, se durante o julgamento o inspetor da polícia de trânsito for interrogado, se o juiz se comportar de forma inadequada, se comunicar com os participantes de forma desdenhosa, se menosprezar a honra e a dignidade dos cidadãos presentes, se impedir a aplicação de moções, se impuser aos participantes deveres não previstos na lei, se perturbar deliberadamente o decurso da apreciação do processo, é preferível gravar o julgamento num gravador e (ou) numa câmara de vídeo em segredo.

Não faz sentido que o advogado de defesa e o arguido se oponham a estas acções ilegais do juiz. Mesmo depois das objecções do advogado de defesa, um juiz com uma atitude tão deliberadamente parcial pode continuar a ignorar a lei.

No entanto, as provas materiais obtidas com a ajuda de um ditafone e (ou) de uma câmara de vídeo servirão de base para a anulação de um ato judicial injusto.

Se se souber que o juiz que está a apreciar o caso não sofre de preconceitos acusatório-punitivos e não tem qualquer simpatia pelos inspectores da polícia de trânsito, a gravação do ditafone pode ser feita abertamente, colocando o ditafone sobre a mesa.

No caso de uma gravação áudio secreta, recomenda-se que o gravador seja colocado no bolso do vestuário exterior. O principal é que uma camada grossa de roupa não deve cobrir o microfone. Se a roupa exterior for constituída por uma camada fina, o gravador pode ser disfarçado com segurança em qualquer bolso.

O ditafone, bem como a câmara de vídeo, devem ser ligados depois de o secretário ter sido convocado para a audiência.

É mais eficaz registar o desenrolar do processo com a ajuda de uma câmara de vídeo oculta. É sabido que os juízes e os inspectores da polícia de trânsito são extremamente sensíveis à publicidade das suas acções ilegais. Posteriormente, a gravação de vídeo efectuada pode ser enviada aos órgãos da comunidade judiciária para abordar a questão da responsabilização disciplinar do juiz, reproduzida nos meios de comunicação social e colocada na Internet para amplo acesso, servindo de base para a anulação da opressão judicial objeto de recurso.

Regra geral, no decurso de um processo judicial, o advogado de defesa e a pessoa acusada de responsabilidade administrativa trabalham com um grande número de materiais: cópias de folhas de processo, documentos, petições. Muitas vezes, é necessário redigir moções diretamente durante a apreciação do processo.

Contrariamente à utilização de um ditafone, é praticamente impossível para um advogado de defesa efetuar uma gravação vídeo completa de uma sessão de tribunal.

Por conseguinte, a gravação em vídeo do julgamento deve ser confiada a um membro do público.

Antes do início da sessão do tribunal, a tecnologia de gravação vídeo deve ser acordada com o advogado de defesa e com um membro do público.

Tendo em vista a gravação em vídeo do julgamento, é necessário decidir o posicionamento das pessoas presentes na audiência, de modo a que as pessoas envolvidas no processo e o juiz estejam no campo de visão da objetiva.

Ao efetuar gravações de vídeo, devem ser tidas em conta circunstâncias importantes como a dimensão da sala de audiências, a iluminação da sala, a localização da mesa do presidente e dos lugares para as pessoas presentes na sessão do tribunal, bem como os parâmetros técnicos da câmara de vídeo.

Para garantir a qualidade da prova, o ideal é que um cidadão faça uma gravação em vídeo, de modo a que as declarações de cada pessoa envolvida no processo sejam registadas na íntegra. As filmagens devem incluir as provas apresentadas em tribunal e o exame do processo pelo juiz.

Um membro do público deve seguir atentamente os procedimentos e, depois de o juiz ter falado com a pessoa envolvida no processo, deve discretamente redirecionar a objetiva para a pessoa que está a falar.

É desejável que dois membros do público filmem a sessão do tribunal, simultaneamente a partir de duas câmaras de vídeo.

Se o presidente do tribunal e (ou) o oficial de justiça descobrirem que o processo está a ser gravado secretamente em vídeo, o juiz tem o direito de proibir um membro do público de gravar em vídeo. Se o representante do público não parar de gravar em vídeo, pode ser retirado da sala de audiências por decisão do juiz.

Em caso de afastamento de um ativista público, recomenda-se que se encontre um motivo para o adiamento do processo. O adiamento do processo suspenderá temporariamente as acções ilegais do juiz e ajudará a defesa e os activistas públicos, tendo em conta os erros anteriores, a prepararem-se melhor para a audiência seguinte.

A manutenção de gravações de vídeo duplas proporcionará ao público um seguro mútuo e facilitará uma recolha melhor e mais completa das provas obtidas em tribunal.

Após o julgamento, o advogado de defesa e o arguido devem analisar cuidadosamente a gravação áudio e/ou vídeo. A gravação da audiência revelará os eventuais erros cometidos pelo arguido, pelo advogado de defesa, pelo juiz, pelas testemunhas e por outros intervenientes no processo, que podem afetar a sentença, o que, subsequentemente, ajudará a melhorar as tácticas de defesa.

A partir da gravação vídeo, deve ser gravada uma gravação áudio em suporte eletrónico para posterior admissão como prova.

Deve ser feita uma transcrição escrita da audiência com base na gravação, deve ser anexado à transcrição um suporte eletrónico de gravação áudio e a transcrição deve ser anexada ao processo mediante pedido escrito da secretaria do tribunal. A transcrição, juntamente com o suporte eletrónico, pode igualmente ser junta aos autos do processo na audiência seguinte, mediante apresentação de um pedido escrito para o efeito. No entanto, se o juiz sofrer de um preconceito acusatório-punitivo incurável, pode recusar esse pedido por motivos espúrios.

O juiz não tem o direito de recusar satisfazer o pedido. Por conseguinte, a opção mais segura consiste em juntar a transcrição da audiência e os suportes electrónicos aos autos do processo através da secretaria do tribunal.

Após cada apreciação de um processo, se houver indícios de infração disciplinar na atuação de um juiz, devem ser imediatamente redigidas queixas dirigidas aos presidentes dos tribunais regionais de comarca, à CCJ e ao Conselho da Magistratura, alterando apenas os títulos das queixas.

Antes da audiência, o advogado de defesa e o arguido devem familiarizar-se com o processo. Se houver falsificações nos documentos do processo, por exemplo: assinaturas de testemunhas são forjadas, ou pessoas não relacionadas com o processo são incluídas nos documentos, ou circunstâncias fictícias são acrescentadas aos documentos originais para reforçar a acusação, o advogado de defesa deve iniciar um exame pericial de caligrafia dos documentos por sua própria iniciativa. Para este efeito, basta fotografar o processo com uma câmara com uma resolução de 8 a 12 megapixels e enviar os ficheiros obtidos para estudo comparativo a um perito em caligrafia.

Antes de se familiarizar com o processo, deve apresentar um pedido escrito de familiarização, especificando a marca e o modelo da câmara.

O relatório de peritagem obtido deve ser anexado ao processo, bem como a transcrição da audiência, através da secretaria do tribunal, 2 a 3 dias antes da audiência seguinte.

Consoante o ato imputado e o estado do processo, o advogado de defesa, por sua própria iniciativa, deve envolver outros especialistas no processo.

Para a audiência em tribunal, é necessário preparar um requerimento fundamentado de arquivamento do processo de contraordenação, com referências às provas obtidas anteriormente: a transcrição do julgamento anterior e as conclusões do perito-escritor e do especialista, bem como os depoimentos das testemunhas (se tiverem sido ouvidas).

O CAO RF não estabelece as formas de obtenção de provas por parte do advogado de defesa e do arguido, da vítima e do seu representante. Por conseguinte, o advogado de defesa tem o direito e a obrigação de recolher provas da inocência do arguido por todos os meios legais.

Com base na disposição da parte 1 do n.º 2 do artigo 26.º da CAO RF, os elementos de prova num processo de infração administrativa são quaisquer dados factuais, com base nos quais o juiz, o organismo, o funcionário, em cujo processo se encontra o processo, estabelece a existência ou a ausência de um evento de infração administrativa, a culpa de uma pessoa sujeita a responsabilidade administrativa, bem como outras circunstâncias relevantes para a resolução correcta do processo.

De acordo com a p. 18 da Resolução do Plenário do Supremo Tribunal da Federação Russa n.º 24 de 24 de março de 2005, "Sobre algumas questões de aplicação da parte geral do CAO RF", ao considerar um caso sobre uma infração administrativa, as provas recolhidas sobre o caso devem ser avaliadas em conformidade com o artigo 26.11. do CAO RF, bem como a partir da posição da lei na sua receção (parte 3 do artigo 26.2. do CAO RF).

O mais importante é que os elementos de prova apresentados pelo advogado de defesa sejam coerentes entre si numa sequência lógica. Para o efeito, é necessário indicar no pedido de admissão das provas obtidas as fontes, o local, o momento e os meios técnicos da sua obtenção. Na teoria do direito e na prática da aplicação da lei, existe uma presunção de boa fé. Por outras palavras, presume-se que todos os elementos são genuínos, verdadeiros e válidos até prova em contrário. Por conseguinte, o ónus de provar a invalidade das provas apresentadas pela defesa recai, por defeito, sobre o juiz.

Frequentemente, na prática policial, há casos em que os juízes se recusam injustificadamente a satisfazer tais pedidos. É esta circunstância que dá motivos suficientes para presumir que o inspetor da polícia de trânsito e o juiz estão em conluio ilegal.

A decisão de recusar a satisfação do pedido deve ser proferida sob a forma de uma sentença (n.º 4, parte 2, do artigo 24.º da CAO RF). A sentença deve especificar as circunstâncias verificadas durante a apreciação do pedido, os elementos do processo e expor as razões que levaram o tribunal a chegar às conclusões pertinentes (n.º 5, parte 1, artigo 29.12. do RF do CAO). Mas como é que uma decisão deste tipo pode indicar as verdadeiras razões, quando as provas apresentadas pelo advogado de defesa não indicam o contrário? Nenhuma prova pode ter uma força predeterminada (art. 26.11. do CAO RF).

Assim, nestes casos, o juiz inventa deliberadamente motivos para evitar a análise de provas indesejáveis para ele e para o inspetor da polícia de trânsito.

Assim, com as suas acções ilegais, através do uso da sua posição oficial, o juiz rejeita antecipadamente as provas apresentadas pelo advogado de defesa sem um exame adequado, privando-as deliberadamente de força legal. Estas circunstâncias mostram que o juiz está a evitar, de todas as formas possíveis, tomar uma decisão baseada na lei.

Nestas circunstâncias, durante a audiência do processo, o advogado de defesa e (ou) o arguido devem fazer uma contestação fortemente motivada ao juiz, com o fundamento de estarem em conluio ilegal com o inspetor da polícia de trânsito que preparou os materiais de acusação. A probabilidade de satisfação de uma tal contestação é negligenciável.

No entanto, como mostra a prática policial, ao reverem as acusações, os juízes superiores têm em conta a posição de contestação do advogado de defesa e, muitas vezes, anulam as acusações apenas com base nesse facto.

As associações públicas especializadas e os cidadãos individuais devem publicar nos recursos temáticos relevantes da Internet as sentenças e decisões judiciais fundamentadas que tenham entrado em vigor.

É sabido que os representantes da Themis não fazem esforços mentais e físicos quando analisam os casos, tendem a reescrever a partir dos registos a fábula da acusação e, com base nela, tomam uma decisão acusatória.[22]

A este respeito, recomenda-se que, no decurso do processo judicial, o juiz tome conhecimento dos actos judiciais relativos a casos semelhantes que tenham entrado em vigor.

Uma sentença (decisão) legal e fundamentada de um tribunal num caso semelhante que tenha entrado em vigor contribui para a correcta aplicação da lei pelo tribunal num caso semelhante e cria o efeito de poupança de tempo processual.

É de notar que este método de obtenção de um ato judicial legítimo nem sempre é eficaz. O autor constata que, nas regiões do país, existem diferentes práticas de aplicação da lei que se enraízam ao nível dos presidiums dos tribunais regionais.[23]

É sabido que, ao apreciar qualquer caso, o tribunal interpreta a legislação. Este tipo de interpretação na teoria do direito é designado por interpretação casual. A interpretação casual é efectuada apenas por um órgão de aplicação da lei num caso específico e é relevante para um caso específico. No entanto, os acórdãos do tribunal (decisões) que entraram em vigor têm força de lei e, do ponto de vista da uniformidade da prática judicial, determinam que outros juízes e funcionários das autoridades executivas se devem orientar pela posição jurídica expressa em actos judiciais anteriores.

2.4 Utilização dos resultados da monitorização global

Apesar da natureza comum da monitorização pública, a monitorização global e a monitorização local têm diferenças nas suas metas e objectivos.

Como é sabido, o objetivo final do controlo judicial é reforçar a lei e a ordem nas actividades da polícia de trânsito e dos tribunais, assegurar adequadamente a proteção dos direitos e interesses legítimos dos cidadãos no domínio do tráfego rodoviário e estabelecer a sociedade civil e o Estado de direito.

Se, com base no material recebido no decurso do controlo público, um juiz de paz encerrar os processos relativos a infracções administrativas ou um juiz de um tribunal distrital (municipal) anular as condenações, então, com base nos actos judiciais que entraram em vigor, uma associação pública deve apresentar uma petição ao Ministério Público do país da Federação Russa para protestar contra actos judiciais injustos anteriores.

De acordo com a parte 3 do artigo 30.12. do CAO RF, o direito de apresentar um protesto na ordem de controlo pertence aos procuradores dos sujeitos da Federação da Rússia e aos seus adjuntos, ao Procurador-Geral da Federação da Rússia e aos seus adjuntos. As normas do CAO não estabelecem

---

[22] Shulipa Yu. Arbitrariedade da polícia de trânsito e dos tribunais. De acordo com os materiais da conferência de imprensa de 1 de dezembro de 2010. M-2010. Secção de Moscovo da FAR: http://www.far-msk.ru/?p=10594

[23] Shulipa Yu. 10 razões para o conluio ilegal entre a polícia de trânsito e os tribunais. M-2011. Sucursal de Moscovo da FAR: http://www.far-msk.ru/?p=13090

o prazo para a apresentação de um protesto contra actos judiciais relativos a um caso de infração administrativa que tenham entrado em vigor. Uma associação pública pode também ser o iniciador de um recurso ao procurador regional para apresentar um protesto contra actos judiciais que tenham entrado em vigor.

Para normalizar o processo de transporte rodoviário, eliminar a corrupção e vários abusos na rede de ruas e estradas, é necessário dirigir-se aos chefes dos serviços de manutenção rodoviária para eliminar várias deficiências da TIACS. Caso os chefes dos serviços de manutenção rodoviária não tomem medidas para eliminar as deficiências da TIACS, é necessário recorrer imediatamente da sua inação ilegal, de acordo com o procedimento estabelecido. É possível apresentar propostas às autoridades para melhorar o tráfego rodoviário.

Para além da instauração de vários processos judiciais, os resultados do controlo local podem levar a apelos aos fabricantes de aparelhos de medição técnica para que eliminem as deficiências de funcionamento dos aparelhos, o que conduz a vários abusos por parte de polícias e psiquiatras toxicodependentes que os utilizam para falsificar provas.

Os resultados finais das actividades de monitorização global são alterações regulamentares, de aplicação e de pessoal a nível federal e regional.

2.5. Utilização dos resultados do controlo local

Após a apreciação de um caso individual pelo juiz, as acções posteriores do advogado de defesa e do arguido dependem da conduta do juiz durante o julgamento. Se o juiz tiver cometido deliberadamente infracções que indiciem que cometeu uma infração disciplinar ou um delito, as suas actividades ilegais futuras devem ser impedidas mediante a apresentação de uma série de queixas e requerimentos especiais.

Para não expor o arguido e o advogado de defesa ao juiz, é aconselhável confiar a representantes do público o recurso contra actos ilegais do presidente da sessão.

Analisadas com o público as violações identificadas do juiz, é necessário elaborar e enviar de imediato queixas colectivas aos órgãos da comunidade judiciária e aos presidentes (de comarca, de cidade) e dos tribunais regionais competentes para submeter ao Colegiado de Qualificação de Juízes a responsabilidade disciplinar do juiz. Além disso, deve ser apresentada uma queixa colectiva ao presidente do colégio de qualificação de juízes competente.

Em regra, o advogado de defesa pode fazer uma avaliação jurídica mais objetiva das acções do juiz do que os membros do público presentes na sala. Por conseguinte, o advogado de defesa pode encarregar-se de redigir as queixas e de as enviar, cabendo aos membros do público apenas assinar as queixas. A queixa deve ser acompanhada de uma transcrição da sessão do tribunal com um meio eletrónico de gravação áudio e/ou vídeo. No anexo à transcrição é necessário indicar a marca e o modelo do meio técnico de gravação áudio e (ou) vídeo, o local e a hora da sua realização e autenticar o material apresentado com as assinaturas das pessoas indicadas na queixa.

Recordar aos presidentes dos tribunais (distritais, municipais) e regionais que o direito de publicitar a gravação áudio e/ou vídeo efectuada se mantém.

Referindo-se à parte 1 do artigo 21º do nº 30-FZ de 14 de março de 2002. "Sobre os órgãos da comunidade judiciária na Federação da Rússia" e o n.º 3 do artigo 28. 3 do artigo 28.o do Regulamento sobre o procedimento dos Colégios de Qualificação de Juízes (aprovado pela Comissão de toda a Rússia dos Colégios de Qualificação de Juízes em 22 de março de 2007), deve recordar-se que os recorrentes foram convidados como partes interessadas no processo disciplinar contra o juiz. Deve também ser mencionado que o arguido e o advogado de defesa devem ser convocados para o processo disciplinar, mas como testemunhas da prática de uma infração disciplinar.

Se esta queixa receber uma resposta desmotivada dos funcionários judiciais acima referidos, é necessário recorrer contra as suas acções por não tomarem as medidas de resposta adequadas numa ordem extrajudicial (administrativa) aos presidentes do Supremo Tribunal da Federação da Rússia e do Supremo Tribunal da Federação da Rússia e continuar a queixar-se até ao Presidente da Federação da Rússia.

O erro judiciário, sendo sempre uma infração, é uma composição jurídica complexa, cujos elementos são:

1. *comportamento ilegal do tribunal;*
2. *a presença de efeitos nocivos;*
3. *nexo de causalidade entre o comportamento ilícito do tribunal e as consequências prejudiciais daí resultantes.*

Em casos individuais, pode haver um quarto elemento - a culpa do tribunal (intencional ou negligente).

O comportamento ilegal do tribunal é a sua ação volitiva (ou inação), que não está em conformidade com as prescrições legais, viola os direitos subjectivos dos participantes no processo, não está de acordo com os deveres legais impostos ao tribunal.[24]

Vejamos as quatro principais formas de responsabilização penal de um juiz e de um inspetor da polícia de trânsito.

1) Apresentação de uma queixa-crime ao Presidente do Comité de Investigação da Federação Russa.

Se durante o processo judicial e (ou) depois dele, na atuação do juiz e (ou) do inspetor da polícia de trânsito, surgirem indícios de um crime, é necessário participar imediatamente o crime cometido.

É possível, diretamente no decurso do julgamento, sem que o juiz se aperceba através do tel. 911, informar a polícia do facto da infração cometida (em curso) e solicitar uma visita ao local do incidente pelo SOG diretamente ao tribunal. Estas acções não são proibidas por lei. Todas as chamadas recebidas nas unidades de polícia são gravadas e registadas de acordo com o procedimento estabelecido. Após a chegada do SOG, é necessário exigir aos agentes da polícia que elaborem um relatório da inspeção do local do incidente (artigos 176º - 177º do Código de Processo Penal da Federação Russa). E na presença de membros do público.

Esta ação facilitará a instauração mais rápida de um processo penal contra o juiz.

Nos termos do n.º 5, parte. 1 do artigo 448.º do Código de Processo Penal da Federação da Rússia, a decisão de instaurar um processo penal contra um juiz de paz (federal) é tomada pelo Presidente do Comité de Investigação da Federação da Rússia com o consentimento do colégio de juízes competente.

Em conformidade com os parágrafos. B, n.º 1, parte. 2 do artigo 151.º do Código de Processo Penal da Federação da Rússia, a investigação preliminar é efectuada pelos investigadores nos processos penais relativos a infracções cometidas por funcionários dos organismos de assuntos internos.

Convém ter em conta que é muito mais difícil instaurar um processo penal contra um inspetor da polícia de trânsito ou um juiz em funções do que um processo disciplinar.

A prática de apresentação de pedidos aos departamentos de investigação e aos gabinetes do Comité de Investigação da Federação Russa, em conformidade com o artigo 141.º do Código de Processo Penal, sobre crimes cometidos por funcionários e juízes mostra que os investigadores destes

---

[24] Aplicação da lei: teoria e prática. Fórmula do Direito M-2008 p 326. Editor-chefe Tikhomirov Yu.

organismos praticamente não registam os pedidos dos cidadãos sobre crimes, não emitem cupões de notificação aos cidadãos, não analisam os pedidos sobre crimes em conformidade com o procedimento estabelecido por lei e não emitem decisões sobre os mesmos com base na lei, o que permite esconder da justiça os criminosos que actuam na sua qualidade oficial.[25]

After the entry into force of p. 2.4 of the Instruction on the procedure for consideration of appeals and reception of citizens in the prosecutor's office (approved by Order of the Prosecutor General of the Russian Federation No. 212 of 27.12.2007), *and* subparagraph 2 of para. 21 da Instrução sobre o procedimento de receção, registo e verificação de relatórios de crimes nos órgãos de investigação (unidades de investigação) do sistema do Comité de Investigação da Federação da Rússia (aprovado pelo Despacho n.º 72 do Presidente do Comité de Investigação da Federação da Rússia, de 3 de maio de 2011), enraizou-se a prática ilegal de ocultar uma determinada categoria de funcionários e juízes do processo penal.

Frequentemente, quando se recusam a analisar os pedidos relativos a crimes cometidos por pessoas sujeitas a um processo penal especial, os investigadores do Comité de Investigação remetem para o n.º 2 do artigo 21.º, segundo o qual os pedidos em que os requerentes exprimem o seu desacordo com as decisões dos funcionários por eles tomadas dentro dos limites dos poderes previstos na lei e, neste contexto, levantam a questão de os levar a tribunal, sugerindo a possível prática de uma infração oficial, não necessitam de verificação em conformidade com o procedimento previsto nos artigos 144. 144, 145 DO CÓDIGO DE PROCESSO PENAL DA FEDERAÇÃO RUSSA.

Por decisão do Supremo Tribunal da Federação da Rússia, de 13 de janeiro de 2010, n.º GKPI09-1542, o anteriormente válido n.º 4 do ponto 33 da Instrução, aprovada por Despacho do Primeiro Vice-Procurador-Geral da Federação da Rússia - Presidente do Comité de Investigação da Federação da Rússia, de 7 de setembro de 2007, n.º 14, e o ponto 2.4. Instrução sobre o procedimento de apreciação de recursos e receção de cidadãos no Ministério Público, aprovada pelo Despacho n.º 120 do Procurador-Geral da Federação da Rússia, de 26 de dezembro de 2006, cuja legalidade foi anteriormente confirmada pela decisão do Supremo Tribunal da Federação da Rússia, de 26 de novembro de 2007, n.º GKPI07-1142, não são considerados contrários à lei federal ou a outro ato jurídico normativo com maior força jurídica.

Entretanto, esta decisão estabelece que a norma jurídica contestada <u>não exclui a obrigação de os funcionários, dentro dos limites da sua competência, verificarem tais pedidos e tomarem decisões sobre eles em conformidade com o</u> procedimento previsto nos artigos 144º e 145º do Código de Processo Penal.

Esta disposição da decisão do Supremo Tribunal da Federação Russa de 13. 01. 2010 № GKPI09-1542 deve ser referida nas queixas quando se recorre contra acções ilegais de investigadores de departamentos de investigação e departamentos do Comité de Investigação da Federação Russa.

Apesar disso, existe uma prática de investigação generalizada em que os investigadores dos departamentos de investigação e das direcções do Comité de Investigação do Comité de Investigação da Federação Russa se referem às declarações apresentadas pelos requerentes sobre infracções penais cometidas por juízes e funcionários como recursos ou petições.

No caso de receção do pedido apresentado em conformidade com o artigo 141.º do CPC da RF, em vez da decisão estabelecida por lei (artigo 5.º, artigo 145.º do CPC da RF), em vez de uma resposta-resposta ou de uma decisão de recusa de satisfação do pedido, é necessário recorrer contra as acções do investigador na linha de investigação ou do Ministério Público. A queixa, em

---

[25] Shulipa Y. Y. O juiz de Moscovo legalizou os delitos oficiais. M-2011. Secção de Moscovo da FAR: http://www.far-msk.ru/?p=9615

conformidade com o artigo 124.º do Código de Processo Penal da Federação Russa, deve ser examinada pelo procurador, chefe do órgão de investigação, no prazo de 3 dias a contar da data da sua receção. Em casos excepcionais, quando, para verificar a queixa, for necessário solicitar materiais adicionais ou tomar outras medidas, é permitido examinar a queixa no prazo de 10 dias, sendo o requerente notificado desse facto. Contudo, na prática, estes prazos de apreciação das queixas quase nunca são respeitados.

Assim, quando se recorre de acções ilegais de um investigador na linha procurador-investigador, é possível chegar ao Procurador-Geral da Federação Russa no prazo de um mês, e depois reclamar ao Procurador-Geral - ao Presidente da Federação Russa.

Tendo em conta a prática atual de aplicação da lei, recorrer ao tribunal em conformidade com o artigo 125.º do Código de Processo Penal da Federação Russa não só é inútil, como também representa uma ameaça real.[26] Se o juiz deixar a queixa apresentada sem satisfação e o conselho jurisdicional do tribunal regional a deixar em vigor, a decisão efectiva confirmará a legalidade e a validade das acções do investigador. A decisão judicial executória cobrirá o investigador como uma carta de proteção contra outros recursos contra as suas acções.

Paralelamente, enquanto decorrem as fases de recurso das acções do investigador, o advogado de defesa (arguido), para garantir a ação penal contra um juiz corrupto e (ou) um inspetor da polícia de trânsito, deve utilizar plenamente os restantes instrumentos jurídicos.

2) <u>Apresentação de um relatório sobre uma infração cometida fora da jurisdição de investigação</u>.

De acordo com a Instrução sobre o Registo Criminal Unificado (aprovada pelos Despachos da Procuradoria-Geral da Federação Russa, do Ministério da Administração Interna, do Ministério de Situações de Emergência, do Ministério da Justiça, do Serviço Federal de Segurança, do Ministério do Desenvolvimento Económico e do Serviço Federal de Controlo de Drogas, de 29 de dezembro de 2005, n.º 39 / n.º 1070 / n.º 1021 / n.º 253 / n.º 780 / n.º 353 / n.º 399, (D)), uma declaração sobre um crime cometido, incluindo por um juiz, pode ser apresentada a qualquer um dos organismos acima referidos.

Os funcionários destes organismos, em conformidade com o n.º 3, parte 1, do artigo 145.º do Código de Processo Penal. O n.º 1, ponto 3, do artigo 145.º do Código de Processo Penal da Federação Russa exige que emitam uma decisão de remeter o relatório para investigação, em conformidade com o artigo 151. Regra geral, os organismos acima referidos não têm problemas com o registo de declarações sobre infracções cometidas.

Com base no disposto na parte 1 do artigo 141.º do Código de Processo Penal da Federação da Rússia, a decisão de remeter o pedido de investigação deve ser emitida no prazo máximo de 3 dias a contar da data de receção da referida comunicação.

Uma vez que a declaração sobre o crime cometido foi apresentada ao investigador diretamente, não por um cidadão em particular, mas enviada com base na decisão de um funcionário autorizado pelas normas do Código de Processo Penal a levar a cabo uma ação penal, registada e inscrita nas estatísticas estatais do investigador do Comité de Investigação da Federação Russa, o investigador é obrigado a considerar a declaração por ele recebida e a tomar uma decisão processual baseada na lei, em conformidade com os n.ºs 1 e 2 da parte 1 da parte 1 do artigo 145. 1 do artigo 145.º, n.º 1, do Código de Processo Penal da Federação da Rússia.

3) <u>Iniciar um processo penal com a ajuda dos meios de comunicação social e da Internet</u>.

---

[26] Op. cit.

As informações recebidas de outras fontes, como os meios de comunicação social, podem constituir motivo para a instauração de um processo penal (artigo 140.º, n.º 3, do CPP RF).

A gravação de vídeo feita durante a audiência ou diretamente durante o diálogo com o inspetor da polícia de trânsito deve ser imediatamente enviada para um dos principais portais da Internet, por exemplo, o Youtube. Ao publicar o vídeo, é necessário descrever em pormenor o nome e o endereço do tribunal, as iniciais do juiz presidente e as pessoas envolvidas no processo.

Descrever sucintamente a essência do caso e a essência da infração ou do crime cometido pelo juiz e (ou) pelo inspetor da polícia de trânsito. Em seguida, por correio eletrónico, transmitir a informação às associações públicas competentes.

Os representantes do público convidados para as audiências em tribunal são eles próprios membros de várias associações públicas. Como é sabido, as associações públicas cooperam com os meios de comunicação social nos seus domínios respectivos, o que lhes permite contribuir para a rápida transmissão de informações.

Nos termos do artigo 2º da Lei da Federação Russa de 27. 12. 1991 N 2124-1 "Sobre os meios de comunicação social", entende-se por meio de comunicação social uma publicação periódica impressa, uma rádio, uma televisão, um programa de vídeo, um noticiário ou outra forma de divulgação periódica de informação de massas. Na aceção desta disposição legal, outra forma de difusão de informação de massas é a Internet.

Em conformidade com a parte 2 do artigo 144.º do Código de Processo Penal da Federação Russa, um órgão de inquérito, sob as instruções do procurador e também sob as instruções do chefe do órgão de investigação, um investigador deve efetuar uma verificação de uma notícia de crime divulgada nos meios de comunicação social.

Após a publicação, anúncio ou afixação nos meios de comunicação social e na Internet de informações que indiciem a prática de uma infração por um inspetor da polícia de trânsito e (ou) um juiz, é necessário enviar um pedido de investigação sobre este facto, como já foi referido, a um organismo não sujeito a investigação.

A prática mostra que, depois de esta informação ser divulgada nos meios de comunicação social federais e mesmo regionais, as acções dos inspectores da polícia de trânsito começam a ser controladas por iniciativa das unidades competentes do DER.[27]

    4) <u>Divulgação dos factos de uma infração cometida num evento comunitário</u>.

Como é sabido, nos termos do artigo 31º da Constituição da Federação Russa, os cidadãos têm o direito de se reunir pacificamente sem armas, de realizar reuniões, comícios e manifestações, marchas e piquetes.

Se as autoridades não tomarem medidas contra os infractores que actuam na qualidade de funcionários, é possível forçá-los a agir através de eventos públicos.

Os eventos públicos de massas atraem alguns meios de comunicação social regionais e federais. Assim, também é possível cobrir as provas das infracções cometidas através dos representantes dos meios de comunicação social presentes no comício. luz da Resolução do Tribunal Constitucional da Federação da Rússia de 18.10.2011 N 23-P, um juiz não pode ser responsabilizado criminalmente por proferir um veredito conscientemente injusto ou outro ato judicial se esta opressão tiver entrado em vigor e não tiver sido cancelada em conformidade com o procedimento estabelecido pela legislação processual. Um ato ilegal que tenha entrado em vigor torna-se ao mesmo tempo uma defesa do juiz contra a ação penal. Noutros casos, é possível dar início a um processo penal contra um juiz por ter

---

[27] Op. cit.

prestado, com conhecimento de causa, informações falsas em documentos (artigo 292.º do Código Penal da Federação Russa).

Por outras palavras, só uma interação bem coordenada entre o advogado de defesa, o arguido, os representantes de uma associação pública, os meios de comunicação social e um certo número de especialistas pode não só ultrapassar a prática viciosa de aplicação da lei existente, mas também reabilitar pessoas anteriormente ilegalmente responsabilizadas administrativamente.

Conclusão

Estes problemas levam à conclusão de que, na atual fase de desenvolvimento estatal e jurídico da Rússia, é impossível eliminar a corrupção e vários abusos por parte dos inspectores da polícia de trânsito e dos juízes dos tribunais de jurisdição geral por iniciativa dos funcionários competentes das autoridades públicas. Por enquanto, as associações públicas e os cidadãos de iniciativa individual podem levar os funcionários a mudanças sistémicas radicais, graças aos resultados obtidos através das actividades de controlo público.

Atualmente, é impossível resolver estes problemas "a partir de cima". Por conseguinte, os cidadãos da Rússia têm de resolver os problemas "a partir de baixo", de forma independente, através de uma auto-organização rigorosa, utilizando todos os meios não proibidos por lei.

A utilização dos resultados do controlo judicial pode mudar não só a prática viciosa da aplicação da lei judicial, mas também eliminar a atitude tendenciosa, irresponsável e formal da liderança <u>da polícia</u> de trânsito em relação à organização e condução do trabalho de prevenção das DTA, o desejo de obter apenas indicadores formais e quantitativos da atividade relacionada com rusgas, operações especiais, medidas preventivas, deteção de "infracções".

<u>O controlo judicial permitiu uma identificação rápida</u>:

1) encruzilhada da corrupção;

2) Actos de funcionários que não se baseiam na lei (protocolos, decisões e outros documentos dos inspectores da polícia de trânsito):

3) actos judiciais não baseados na lei;

4) Cometimento de infracções administrativas e disciplinares, bem como de infracções penais, por inspectores da polícia de trânsito e juízes dos tribunais de competência geral;

5) diversos abusos dos presidentes dos tribunais de competência geral;

6) a dependência do juiz em relação aos inspectores da polícia de trânsito para emitir sentenças de culpa sem fundamento; e ainda utilizar os resultados obtidos da forma prevista na lei.

Se for bem organizado, o controlo judicial tornar-se-á um instrumento público indispensável para incentivar os funcionários e os juízes a cumprirem os seus deveres profissionais no respeito da lei.

O desenvolvimento do controlo judicial e os seus resultados devem contribuir para a alteração da legislação federal no domínio administrativo e jurisdicional das unidades de polícia de trânsito e dos tribunais de competência geral, bem como no domínio da segurança rodoviária.

Tudo isto abre grandes perspectivas para o controlo judicial.

Os resultados do controlo judicial revelaram os principais vícios do sistema judicial russo e da polícia de trânsito, que podem ser divididos em duas partes.

Uma parte dos vícios supramencionados da polícia de trânsito e dos tribunais reside em deficiências significativas da atual legislação da Federação Russa, - a outra parte reside numa administração estatal inadequada e tendenciosa.

Por conseguinte, na atual fase do desenvolvimento jurídico-estatal do país, é necessário, em nossa opinião, renovar substancialmente o pessoal dirigente dos tribunais e da polícia de trânsito e, ao mesmo tempo, implementar as seguintes alterações legislativas e regulamentares.

1. *É necessário anular as disposições do despacho do Ministério dos Assuntos Internos da Federação da Rússia n.º 25 de 19.01.2010 "Sobre questões de avaliação do desempenho dos organismos dos assuntos internos da Federação da Rússia". "Sobre questões de avaliação da atividade dos órgãos dos assuntos internos da Federação da Rússia", no sentido de manter as regras segundo as quais as unidades dos órgãos dos assuntos internos não podem reduzir o número de pessoas processadas em comparação com o mesmo período do ano anterior se quiserem receber uma avaliação positiva da sua atividade.*

2. *Alterar os critérios de desempenho dos juízes, proibindo a avaliação do seu desempenho em função do volume de processos que tenham julgado.*

3. *Aumentar o desempenho positivo dos juízes em função da diminuição do número de queixas contra actos judiciais por eles adoptados ou contra as suas acções (por outras palavras, menos queixas, maior resultado positivo).*

4. *Em conformidade com o artigo 10.º da Constituição da Federação Russa, proibir reuniões conjuntas de juízes de paz e juízes federais com representantes da polícia de trânsito sobre questões de aplicação conjunta da lei.*

5. *Proibir os inspectores da polícia de trânsito de apresentarem pessoalmente aos juízes os processos relativos a infracções administrativas para apreciação.*

6. *Reconhecer a RF do CAO como nula e sem efeito.*

7. *Adotar nova legislação em matéria de infracções administrativas:*

o *Código Administrativo.*

o *Código de Procedimento Administrativo.*

o *Código Administrativo e de Execução.*

8. *Introduzir no Código Administrativo uma norma que preveja a responsabilidade administrativa em caso de responsabilização administrativa de um cidadão (por analogia com o artigo 299.º do Código Penal da Federação Russa).*

9. *Reforçar significativamente o controlo normativo dos tribunais, da direção dos serviços de polícia de trânsito e do Ministério Público sobre as actividades jurisdicionais dos inspectores da polícia de trânsito na elaboração de peças processuais, na instauração de processos de contraordenação e na emissão de decisões.*

10. *Reforçar significativamente o controlo das normas judiciais por parte do Presidium do Supremo Tribunal da Federação Russa e dos presidiums dos tribunais regionais relativamente aos actos judiciais dos magistrados e dos juízes federais em casos de infracções administrativas, mediante a adoção de uma resolução pertinente do plenário.*

11. *Introduzir uma disposição no Código de Procedimento Administrativo que permita o recurso judicial e extrajudicial contra qualquer ação de um inspetor da polícia de trânsito (por analogia com os artigos 123º - 125º do CPC da Federação Russa).*

12. *A Lei Federal "Sobre a Polícia", bem como os códigos relevantes, estabelecem os tipos de responsabilidade dos agentes da polícia pela prática de determinadas infracções e crimes.*

13. *Introduzir uma disposição no Código de Processo Administrativo que obrigue os juízes, os órgãos e os funcionários, a pedido dos participantes num processo, a assegurar que as audiências dos tribunais sejam gravadas em vídeo.*

14. *Modernizar a legislação no domínio da normalização, da metrologia e da telemetria através da introdução de normas que estabeleçam padrões de qualidade para os instrumentos de medição.*

15. *Para os condutores que conduzem veículos sob o efeito do álcool ou de drogas, a legislação*

federal deve estabelecer uma responsabilidade administrativa diferenciada em função do grau de intoxicação.

16. *Equipar as salas dos médicos especialistas em toxicodependência, onde são efectuados os exames, com dispositivos de gravação vídeo e sonora.*

17. *Estabelecer uma norma especial no Código Administrativo que autorize a responsabilização administrativa mais rigorosa dos narcologistas do que dos peritos e especialistas em caso de violação das tecnologias (métodos) de exame médico. Em caso de falsificação dos resultados dos exames médicos, os médicos especialistas em toxicodependência devem ser objeto de responsabilidade administrativa, com uma inibição de direitos até três anos.*

18. *Introduzir e legislar um método mais perfeito para determinar a intoxicação por álcool ou drogas no organismo de uma pessoa que conduz um veículo, não só pela presença de uma certa quantidade de álcool etílico absoluto no organismo, mas também tendo em conta a totalidade de uma série de sinais clínicos de intoxicação, com base no quadro clínico geral do estado físico da testemunha.*

19. *Reconhecer o PDD RF como nulo e sem efeito.*

20. *Pôr em vigor um único ato codificado que regule as relações jurídicas no domínio da segurança rodoviária, o "Código da Estrada" da Federação da Rússia, através da "revisão de algumas normas da Lei Federal "Sobre Segurança Rodoviária", das actuais regras de trânsito da Federação da Rússia, da Lei Federal "Sobre o seguro CMTPL dos proprietários de veículos", GOSTR 52289 - 2004.*

Bibliografia

1) Shulipa Y. Y. O juiz de Moscovo legalizou os delitos oficiais. M-2010. Secção de Moscovo da FAR: www.far-msk.ru/?p=9615

2) Shulipa Yu. Yu. Como é que um condutor pode recorrer de uma decisão sobre um caso de infração administrativa? M - 2008. Electrotransport.ru: electrotransport.ru/ussr/index.php/topic,397.0.html

3) Ibid.

4) Ibid.

5) Shulipa Yu. Yu. Diagnóstico da justiça administrativa de Moscovo. Primeiros resultados sobre o exemplo da encruzilhada da corrupção - Praça Paveletskaya de Moscovo. Moscovo. Relatório científico e prático. M-2011. Sucursal de Moscovo da FAR: www.far- msk.ru/?page_id=11241

6) Ibid.

7) Decisão do Vice-Presidente do Tribunal da Cidade de Moscovo de 17. 12. 2010, № 4a-3528/10

8) A Comissão revela métodos conjuntos da polícia de trânsito e da justiça para enganar os cidadãos. M - 2011. Secção de Moscovo da FAR: wwwfar-msk.ru/?p=12164

9) Shulipa Y. Y. Comentários sobre a prática de aplicação da lei. M- 2008. Era-auto: www.car-era.ru/articles/2685.html

10) Carta de informação do Tribunal Regional de Arkhangelsk, de 27.12.2005, sobre a apreciação de processos relativos a infracções administrativas no domínio do tráfego rodoviário.

11) Shulipa Yu. Arbitrariedade da polícia de trânsito e dos tribunais. Materiais da conferência de imprensa de 1 de dezembro de 2010. Secção de Moscovo da FAR: www.far-msk.ru/?p=10594

12) Ibid.

13) Shulipa Yu. Yu. Como arruinar um caso fabricado e ficar com os direitos? M. - 2011.

Sucursal de Moscovo da FAR: http://wwwfar-msk.ru/?p=16155

14) Shulipa Yu. Exposição de inverno de narcologistas OPT, IDPS e juízes. M - 2011. Sucursal de Moscovo da FAR: http://www.far-msk.ru/?p=17395

15) Foram colocadas armadilhas nas estradas do mapa de Moscovo. ITAR-TASS /Interpress/M. 2011: http://www.firstnews.ru/news/lenta/20056/

16) C. I. Ozhegov, Dicionário da língua russa. Onyx e Educação. M - 2007.

17)   Shulipa Y. Yu. Tecnologia de contra-ação ao conluio ilegal da polícia de trânsito e dos tribunais. M. - 2011. Sucursal de Moscovo da FAR: http://www.far-msk.ru/?p=13563

18) Reportagem da NTV sobre a "armadilha" na estação ferroviária de Paveletskiy de 3 de julho de 2010: http://www.youtube.com/watch?v=LD94X0zTyz8

19) Voyevodin V. A. Paveletskaya - continuação da história. M-2010. Sucursal de Moscovo da FAR: http://www.far-msk.ru/?p=7849

20) Shulipa Y. Y. 10 razões de conluio ilegal entre a polícia de trânsito *e* os tribunais. M-2011. Sucursal de Moscovo da FAR: http://www.far-msk.ru/?p=13090

Instrumentos Estatutários.
(a partir de 01 de fevereiro de 2012)

1) Convenção para a Proteção dos Direitos do Homem e das Liberdades Fundamentais (Roma, 4 de novembro de 1950);

2) Constituição da Federação Russa (adoptada por voto popular em 12 de dezembro de 2012);

3) Código Penal da Federação Russa de 13.06.1996 N 63-FZ;

4) Código de Processo Penal da Federação Russa de 18.12.2001 N 174-FZ;

5) Código da Federação Russa sobre infracções administrativas de 30 de dezembro de 2001 N 195-FZ;

6) Lei Federal "Sobre o Ministério Público da Federação Russa" de 17. 01. 1992 N 2202-I;

7) Lei Federal "Sobre o procedimento de apreciação dos recursos dos cidadãos da Federação da Rússia" de 02.05.2006 N 59-FZ;

8) Lei federal "Sobre os órgãos da comunidade judiciária" de 14 de março de 2002, N 30-FZ;

9) Lei Federal "Sobre as Associações Públicas" de 19.05.1995 N 82-FZ;

11) Lei Federal "Sobre a Polícia" de 07. 02. 2011 N 3-FZ;

12) Lei federal "relativa à garantia de acesso à informação sobre as actividades dos tribunais na Federação da Rússia", de 22 de dezembro de 2008, N 262-FZ;

13) Lei federal "Sobre a informação, as tecnologias da informação e a proteção da informação", de 27 de julho de 2006, n.º 149-FZ;

14) Lei da Federação Russa "Sobre o estatuto dos juízes na Federação Russa" de 26.06.1992 N 3132-1;

15) Lei da Federação Russa "Sobre os meios de comunicação social" de 27. 12. 1991 N 2124-1.

16) Regulamentos Administrativos do Ministério da Administração Interna da Federação Russa sobre a execução da função estatal de controlo e supervisão do cumprimento dos requisitos no domínio da segurança rodoviária pelos utentes da estrada (aprovados pela ordem do Ministério da Administração Interna da Federação Russa № 185 de 02. 03. 2009);

17) Instrução sobre a organização das actividades do serviço de patrulha rodoviária da Inspeção Estatal de Segurança do Tráfego do Ministério dos Assuntos Internos da Federação da

Rússia (aprovada pelo Despacho do Ministério dos Assuntos Internos da Federação da Rússia n.º 186 de 02.03.2009 DSP);

18) Instruções sobre o procedimento de receção, registo e resolução, nos organismos de assuntos internos da Federação da Rússia, de declarações, relatórios e outras informações sobre incidentes (aprovadas pelo Despacho do Ministério dos Assuntos Internos da Federação da Rússia de 4 de maio de 2010 N 333);

19)   Instrução sobre o registo criminal unificado (aprovada por ordens da Procuradoria-Geral da Federação Russa, do Ministério da Administração Interna, do Ministério de Situações de Emergência, do Ministério da Justiça, do Serviço Federal de Segurança, do Ministério do Desenvolvimento Económico e do Serviço Federal de Controlo de Drogas, de 29 de dezembro de 2005, n.º 39 / n.º 1070 / n.º 1021 / n.º 253 / n.º 780 / n.º 353 / n.º 399, (D));

20) Instrução sobre o procedimento de apreciação dos recursos e de acolhimento dos cidadãos no Ministério Público (aprovada pelo Despacho do Procurador-Geral da Federação da Rússia n.º 212 de 27.12.2007);

21) Instrução sobre a ordem de receção, registo e verificação das comunicações de crimes nos órgãos de investigação (unidades de investigação) do sistema do Comité de Investigação da Federação da Rússia (aprovada por Despacho do Presidente do Comité de Investigação da Federação da Rússia, de 3 de maio de 2011, n.º 72);

(aprovado pelo Despacho n.º 14 do Presidente do Comité de Investigação da Federação Russa, de 07.09.2007);

22) Regulamento sobre o processo de trabalho dos colégios de qualificação de juízes (aprovado pela Comissão de Colégios de Qualificação de Juízes de toda a Rússia em 22 de março de 2007).

Para notas

Buy your books fast and straightforward online - at one of world's fastest growing online book stores! Environmentally sound due to Print-on-Demand technologies.

Buy your books online at
www.morebooks.shop

Compre os seus livros mais rápido e diretamente na internet, em uma das livrarias on-line com o maior crescimento no mundo! Produção que protege o meio ambiente através das tecnologias de impressão sob demanda.

Compre os seus livros on-line em
www.morebooks.shop

Printed by Books on Demand GmbH, Norderstedt / Germany